I0762489

Printed in the United States of America

Cover art by Luisfer Izquierdo

Cover and interior layout by Jem Ashton

Author Photo by Frances Ngo

Translated by Josué Andrés Moz

Lightscatter Press is an independent nonprofit literary press with 501(c)(3) tax-exempt status that seeks to preserve and extend the material, tactile experience of the printed, bound text through beautiful, innovative design that integrates digital artifacts and experiences created for and with the printed text. Our home is Salt Lake City, Utah.

Library of Congress Control Number: 2026936539

ISBN 978-1-962206-33-4

First printing

Lightscatter Press
Salt Lake City, Utah
www.lightscatterpress.org

MERCURY IN REGGAETÓN

POEMS

WILLY PALOMO

TRANSLATED BY JOSUÉ ANDRÉS MOZ

CONTENTS ÍNDICE

BROKEN SPEARS (REMIX)		**VISIÓN DE LOS VENCIDOS (REMIX)**
Where Dead Warriors Warn Us of the Illuminati, the Pillars of Fire Ravaging the Night	66	Donde los guerreros muertos nos hablan de los pilares de fuego que arrasan la noche
Where the Flame Speaks to the Empire	68	Donde la llama le habla al imperio
Where El Pueblo Laments After Another Temple Burns	70	Donde el pueblo se lamenta después de que otro templo arda
Where We Pray for the Worshippers of False Gods as Three Comets Tear Through the Sky	72	Donde rezamos por los que adoran falsos dioses mientras tres cometas atraviesan el cielo
Where the Flood Speaks to the Empire	76	Donde el diluvio le habla al imperio
Where a Chorus of Lloranas Warn Us of Omens	78	Donde un coro de Lloronas nos habla de presagios
Where Magicians Gaze into the Diadem of the Black Heron	80	Donde los magos contemplan la diadema de la garza negra
Where Tlacantzolli are Reborn	82	Donde renacen los Tlacantzolli
SIDE B: REGGAETÓN		**LADO B: REGGAETÓN**
Aubade between Bloodmoon and Moonshine	86	*Aubade* entre una luna de sangre & aguardiente
Ode to Reggaetón	88	Oda al reggaetón
For Those Who Have Sexuality With The Wind, The Flowers, The Garden!	92	¡Para quienes viven su sexualidad con el viento, las flores, el jardín!
Noche Buena	94	Nochebuena
♬ La Pacha	97	La Pacha ♬
Don Francisco ain't even your real name	98	Don Francisco ni siquiera es tu verdadero nombre
Gasolina	100	Gasolina
Three Fantasies After Kissing My Homeboy's Girlfriend	102	Tres fantasías después de besar a la novia de mi compa
Odio	108	Odio
Mariposa Song for the Assemina	110	Canción de mariposas para Assemina
Noche Buena (Reprise)	114	Nochebuena (*reprise*)
Justice 4 Dillon Taylor	118	Justicia para Dillon Taylor
♬¡R¡ot!	125	*¡R¡ot!* ♬
The Ninth Bullet	126	La novena bala

MERCURY IN REGGAETÓN affords the reader an opportunity to experience the musicality, rhythms, and DNA of the poems via audio tracks. When you come upon a QR code in the corner of a page, scan it to hear these poems in an audio mode, in songs composed by the duo Toma2os. Other QR codes will take you to the Music Box, a stem player which will allow you to remix beats and sounds from three poems into audio compositions of your own.

MERCURY IN REGGAETÓN ofrece al lector la oportunidad de experimentar la musicalidad, los ritmos y el ADN de los poemas a través de pistas de audio. Al encontrar un código QR en la esquina de una página, escanéelo para escuchar estos poemas en formato de audio, convertidos en canciones compuestas por el dúo Toma2os. Otros códigos QR lo llevarán a la «Music Box», un reproductor de pistas separadas («stem player») que le permitirá remezclar ritmos y sonidos de tres poemas para crear sus propias composiciones de audio.

FOREWORD

by Yesenia Montilla
author of *The Pink Box* and *Muse Found in a Colonized Body*

MERCURY IN REGGAETÓN is a complex examining of the "othered" body in motion. Of the ways marginalized people reestablish their identities in hostile places and somehow transform the harsh terrain of America into a life lived. Here is a collection that acts as a beacon for survival. It claims reggaetón as "nuestra furia / impotente." It evokes the many ways our Spanish tongue may betray us and emphasizes how "English doesn't belong to white people."

This poet makes of its speaker a revolution with poems like: *Desktop Graffiti, Pa' Mis Brujas and For Those Who Have Sexuality With The Wind, The Flowers, The Garden!* It coaxes the spells of Haryette Mullen, Ada Limón and Walter Mercado, becoming profoundly punk and counterculture while invoking its own sense of pop. It forces us to listen to the dying patriarchy in our songs—how the music is transformed through our body into something new and achingly beautiful. This collection is a restorative sound bath full of code switching and mothers who "beg for murder or for mercy," I felt fully myself reading this work and felt a lineage of love being born in every cell. What can we say about lines that startle such as "There are things I have told you I have not told God" or "Kid, I know you understand the distance / that can turn your own mother / into a foreign country."

Can I also mention the sensuality of the work: how at times it was as unrefined as a dream and also as sweet as a room full of Latin women sounding like "una luna llena de pájaros"? *MERCURY IN REGGAETÓN* is queer and non-white, it is of earth and sea, it pays homage to our many selves once oppressed and colonized and always a paycheck away from rubble. I believe this collection is a startling depiction of our immediate living, the most important topics of our times and our Americanness are on display here. May we mingle, may we find the infinite ways we are different and same, may we love & embody those attributes our ancestors carried to new lands forced and exiled. May we stay subversive and attentive to one another and maybe too, this hope from its pages "When they cut out your tongue, / may you find another way to pray."

PREFACIO

por Yesenia Montilla
autora de *The Pink Box* y *Muse Found in a Colonized Body*

«MERCURY EN REGGAETÓN» es un examen complejo del cuerpo "otrerizado" en movimiento. De las formas en que las personas marginadas restablecen sus identidades en espacios hostiles y, de algún modo, transforman el terreno áspero de Estados Unidos hacia una vida vivida. Aquí hay una colección que funciona como un faro para la supervivencia. Reclama el reggaetón como "nuestra furia / impotente", evoca las muchas formas en que nuestra lengua española puede traicionarnos y subraya que "el inglés no le pertenece a la gente blanca."

Este poeta convierte a su hablante en una revolución con poemas como: *Grafiti de escritorio, Pa' mis Brujas y ¡Para quienes viven su sexualidad con el viento, las flores, el jardín!* Convoca los hechizos de Haryette Mullen, Ada Limón y Walter Mercado, volviéndose profundamente punk y contracultural mientras invoca su propio sentido de lo pop. Nos obliga a escuchar al patriarcado moribundo en nuestras canciones, y cómo la música se transforma a través de nuestro cuerpo en algo nuevo y dolorosamente hermoso.

Esta colección es un baño sonoro capaz de restaurar, y lleno de code switching y de madres que "[ruegan] por muerte o misericordia". Me sentí plenamente yo al leer esta obra, y sentí un linaje de amor nacer en cada célula. ¿Qué podemos decir de versos que estremecen como: "Hay cosas que te he contado, que no le he dicho a Dios", o "Niño, sé que entiendes la distancia / que puede convertir a tu propia madre / en un país extranjero"?

¿Puedo también mencionar la sensualidad de la obra? Cómo a veces es tan poco pulida como un sueño y, a la vez, tan dulce como una habitación llena de mujeres latinas sonando como "una luna llena de pájaros". *«MERCURY EN REGGAETÓN»* es queer y no blanco; es de la tierra y del mar; rinde homenaje a nuestros muchos yoes, antes oprimidos y colonizados, y siempre a un sueldo de distancia de los escombros.

Creo que esta colección es una representación estremecedora de nuestra vida inmediata; los temas más importantes de nuestro tiempo y nuestra condición americana están expuestos aquí. Que nos mezclemos, que encontremos las infinitas formas en que somos distintos e iguales, que amemos y encarnemos esos atributos que nuestros ancestros llevaron a nuevas tierras, empujados y exiliados. Que permanezcamos subversivos y atentos los unos a los otros, y quizá también, esta esperanza desde sus páginas:

"Cuando te cortan la lengua, encuentras otra forma de rezar".

Nunca voy a ser más que una guerrillera del amor.

Ana María Rodas, *Poemas de la izquierda erótica / Poems of the Erotic Left*

I'll never be nothing more than a guerrillera of love.

PRELUDE

tell them that we humbly struggle
so that a love like ours
—the love between comrades in combat—
will come to be the most common and mainstream
love in El Salvador,
almost the only one.

Roque Dalton, "Tercer poema de amor" / "Third Love Poem"

dile que ahora luchamos
para que un amor como el nuestro
(un amor entre compañeros de batalla)
sea
el amor más común y fluido,
casi sin paralelo,
en El Salvador.

DIÁSPORA

For Janel Pineda

Amor, I am sick of talking about the war.
One day our mothers will die & with them
the bloodclot and its memory of fire.
Let the clouds of zancudos drown
their moans as we pluck punches
from holes in the mangroves.
I'll trade a crab-clawed palm
for a ceviche y michelada
any day. Forgive me
for blaspheming the dead.
I want to only inhale
the flowers and not know
whose blood fertilized
the thumb-cutting pink
of their petals. I want to choke
on mamónes from nothing
but my own delightful estupidez.
It is said, the sweeter the mango
the more shallow the grave.
I do not want to imagine
la dulzura of your breath.
On the news today, migrants throw stones
to skip across the lake. We play voli
over border fences because that is all
they are good for. It is disgusting,
I know, to write poetry
about marigolds while
people are dying,
but I broke un ramillete
just for tu.
I never had a dream
of reaching the mountaintop,

DIÁSPORA

Para Janel Pineda

Amor, estoy harto de hablar de la guerra.
Un día morirán nuestras madres y con ellas
el coágulo de sangre y su memoria de fuego.
Que las nubes de zancudos ahoguen
sus lamentos mientras arrancamos punches
de los agujeros en los manglares.
Cambiaría sin dudarlo
una mano pellizcada
por un coctel y una michelada.
Perdóname por blasfemar contra los muertos.
Solo quiero aspirar
las flores sin enterarme
de quién fue la sangre
que fertilizó el rosa lacerante
de sus pétalos.
Quiero ahogarme con mamones
sin más motivo que mi propia
y deliciosa estupidez.
Dicen que, entre más dulce el mango,
más superficial es la tumba.
No quiero imaginarme
la dulzura de tu aliento.
En las noticias de hoy, los migrantes lanzan piedras
para que salten atravesando el lago.
Nosotros jugamos vóley sobre las cercas fronterizas
porque eso es para lo único que sirven.
Es asqueroso, lo sé, escribir poesía
sobre cempasúchiles
mientras la gente muere,
pero arranqué un ramillete
solo para ti.
Nunca soñé con alcanzar la cima,

la cima de la Puerta del Diablo
where you can see Salvador
from the same perspective
of a powerless god.
I never dream of standing
hand in hand with the children
of the men who raped
my tía or the families
who paid the soldiers.
I make enough mistakes on my own
without carrying the blunders
of our fathers.
We come from the same crack
in the concrete
jungle, the same gunshot
fired at the stars
that shattered the jaw
of the moon.
We owe no god
any more rituals
of slaughter,
no countries
the love stolen
from our chests.

la cima de la Puerta del Diablo,
donde puedes ver El Salvador
desde la perspectiva
de un dios impotente.
Nunca soñé con estar de la mano
con los hijos de los hombres que violaron a mi tía
o con las familias que financiaron a los soldados.
Cometo ya suficientes errores por mi cuenta
sin cargar con las equivocaciones
de nuestros padres.
Venimos de la misma grieta
en la jungla de concreto,
de la misma bala
disparada contra las estrellas
y que destrozó la mandíbula
de la luna.
No le debemos a ningún dios
más rituales de sacrificio,
ni a ningún país
el amor que le robaron
a nuestros pechos.

You do not need light to understand a rose.
You do not need lips to savor a kiss.

Josué Andrés Moz, "Discurso roto (o Breve autobiografía del caos)" / "Broken Speech (or Brief Autobiography of Chaos)"

No se necesita luz para comprender la rosa.
No se necesitan labios para saborear el beso.

No pidas rosas si no aguantas espinas.

Bad Bunny, "Andrea"

Don't ask for roses if you can't handle thorns.

MASTER PLAN

LOVE SONG AT A HOUSE PARTY WITH THE ANGEL MORONI

We are from where the smoke stays
in the back of the throat for months,
this Salt City where you walk steel-toed, stilletos on black ice,
where the Angel Moroni blows his horn
in holy alarm, high
off neocon prophesy & toxic dust.

Hunchback ravens clap the air.
Flakes of mascara flap dark feathers
across your cheeks. Lipstick stains perch purple
on the rims of wine glasses, so you know
we ain't done dancing til your hair's fucked up & walls
sweat off their cheap makeup.

We could live the rest of our lives
out this basement, our arms all hula-
hoop & chisme. Breakbeat my backside. Make me
the record you scratch beneath the windmill
of your cool fingers.
I want a heartbeat to match

the tambores trample as we tumble
tumbao into tables. We the same age
our mamas crossed fronteras & they still don't
wanna let us outside. Your papi was a papi by my age
& he still can't stand
when I hold your hand.

I lost more than my wallet,
shimmying the moon off its bassline,
off a backboard into a net of stars.
Pass la tequila, because what I spill
is Biblical,   a horde of loked out locusts
heralding 12.

CANCIÓN DE AMOR EN UNA CASA ENFIESTADA CON EL ÁNGEL MORONI

Somos de un lugar donde el humo se queda
en el fondo de la garganta por meses,
esta Ciudad de Sal en que caminas con botas de acero, tacones
de aguja sobre hielo negro,
donde el ángel Moroni toca su trompeta
en santa alarma, colocadísimo
por la profecía neoconservadora y el polvo tóxico.

Cuervos jorobados golpean el aire.
Escamas de rímel aletean en plumas oscuras
sobre tus mejillas. Las manchas de labial descansan moradas,
en los bordes de las copas de vino, así sabes
que no hemos acabado de bailar hasta que tu pelo esté jodido y las paredes
suden su maquillaje barato.

Podríamos vivir el resto de nuestras vidas
en este sótano, con nuestros brazos en puro hula-hula
y chisme. Rómpeme el ritmo en el trasero. Conviérteme
en el disco que rayas bajo el molino
de tus dedos ligeros.
Quiero un latido que haga juego

con los tambores que pisan mientras caemos,
tumbao, sobre las mesas. Tenemos la misma edad
que nuestras mamás al cruzar las fronteras y todavía no
nos quieren dejar salir. Tu papi ya era papi a mi edad
y todavía no puede soportar
cuando te tomo de la mano.

Perdí más que mi billetera,
sacudiéndole a la luna su línea de bajo,
sacándola del tablero   hacia una red de estrellas.
Pásame la tequila, porque lo que derramo
es bíblico: una horda de langostas con rastas
anunciando la jura.

They outlawed our titties
& named abuela public enemy #1.
Tried to deport you, but we *#HereToSlay*.
Turn this up til the trunk
rattles like a thousand mojados.

They can kill us all, but not our love.

Prohibieron nuestras tetas
y nombraron a la abuela: enemiga pública número uno.
Intentaron deportarte, pero estamos *#HereToSlay*.
Sube esto hasta que la cajuela
retumbe al igual que mil mojados.

Pueden matarnos a todos, pero no a nuestro amor.

CATCALL, SAN FRANCISCO, 2014

His wrinkles, the pond's grey-green
cackle & the duck's ticklish feet.

His limp, the wet and crooked
kiss he spits into his palm

before he smacks it
onto August's sweltering

ass. His teeth, always biting
the languid neck of a dream.

His hair, always pulled
taut by the ghost of another

Maria, white as the back
of her knees. His lips,

cracked. His eyes, as if
they were cut open

by a man in a dark room
who feeds you only

old beans cooked in lies.
Two decades in our América

can be a century
almost anywhere else.

Viejito stumbling down
the Mission, hollering.

Hijueputa survivor of a century's
failed revolutions.

CATCALL, SAN FRANCISCO, 2014

Sus arrugas, el graznido gris verdoso
del estanque y los pies cosquillosos del pato.

Su cojera, el torcido y húmedo beso
que escupe en su la palma

antes de estamparla
contra el sofocante culo de agosto.

Sus dientes, siempre mordiendo
el cuello lánguido de un sueño.

Su pelo, siempre tenso,
jalado por el fantasma de otra

María, blanca como el reverso
de sus rodillas. Sus labios,

agrietados. Sus ojos, como si
hubiesen sido abiertos a cuchillo

por un hombre en un cuarto oscuro
que solo te alimenta

con frijoles antiguos cocinados en mentiras.
Dos décadas en nuestra América

pueden ser un siglo
casi en cualquier otra parte.

Viejito tambaleándose
por la Mission, gritando.

Hijueputa sobreviviente de un siglo
de revoluciones fallidas.

He finds you holding her
        hand in a park where brown

boys play futbol as if a goal
        could pay their mother's rent.

¡Besala! ¡Abrazala! ¡Besala!
        he hollers, stealing

whatever centavos of suave
        are tucked in your pocket.

What did he just say?
        she asks, her neck

wilting toward
        your shoulder.

Nothing, you laugh,
        tugging her hand

into a bookshop.
                Nothing.

Te encuentra tomándole
        la mano en un parque donde chicos morenos

juegan fútbol como si un gol
        pudiera pagar la renta de su madre.

¡Bésala! ¡Abrázala! ¡Bésala!
        grita, robándose

los centavos de suave
        que llevas escondidos en el bolsillo.

¿Qué fue lo que dijo?
        pregunta ella, con su cuello

marchitándose en
        tu hombro.

Nada, te ríes,
        tirando de su mano

hacia una librería.
                Nada.

DESKTOP GRAFFITI

After Harryette Mullen

sorry but i don’t listen
to a scratched disc your dysphoric
dissonance meant to disrupt dissidence
i be like: who dis? whose diss?
trying to slit the art
on my risk. watch
me wristwatch counter
since i’m past
this tense distance since
i only quest a question
if i can question the quest
like Tribe like, dawg,
i rather Q-tip then pretend
i tip on your cue

GRAFITI DE ESCRITORIO

Después de Harryette Mullen

perdón, pero no escucho
el disco rayado de tu disonancia disfórica
pensada para interrumpir la disidencia
yo me quedo como: ¿quién sos?, ¿de quién es la tiradera?
intentando rayar el arte
bajo mi propio riesgo. mira
el reloj de mi muñeca, contando
que ya dejé en el pasado
esta tensa distancia desde
que solo persigo una pregunta:
si puedo cuestionar la búsqueda
como Tribe, ¿me entiendes?,
prefiero Q-Tip antes que fingir
que entro a tu señal

LOVE SONG WHERE A STRANGER ACCUSES ME OF SPEAKING IN TONGUES

Amor, I wish I could tell you *te amo*
means as much to me as *I love you,*
but once after a week of diarrhea
and two days of fever, my family
drove me to a clinic in Jiquilisco.
The room was narrow and hot
as a needle. Behind the counter
sat a lonely woman with dirty
glasses. She couldn't speak louder
than a whisper. If I had to guess,
she was seventy years my senior.
Once upon a time she worked
for hospitals, cutting umbilical cords
from greasy bellies and amputating
mangled limbs during the war.
I did not know that at the time.
The bottom half of her body
could not move. My primo went
behind the counter to help her
search for alcohol. Her fingers
fumbled to unwrap the medication
for two minutes. There was no
backroom for me. Two doors
to the streets were kept open.
A shaky dog nosed an abandoned black
plastic bag spilling its intestines
onto the road. I dropped my pants,
and she injected me with a needle
the length of my middle finger.
I still do not know what she put
inside of me. I laughed and said
I felt seasick. Mama told me to sit
down. Numb rainbows leeched
the color out of her face. I laughed.
I cannot breathe, I laughed. I cannot
breathe, I cannot—

CANCIÓN DE AMOR EN QUE UNA DESCONOCIDA ME ACUSA DE HABLAR EN LENGUAS

Amor, deseo poderte decir que: *te amo*
significa tanto para mí como: *I love you*,
pero en una ocasión, luego de una semana
de diarrea y dos días de fiebre, mi familia
me llevó a una clínica en Jiquilisco.
La habitación era estrecha y caliente
como una aguja. Detrás del mostrador
estaba sentada una mujer sola, con los lentes
sucios. No podía hablar más alto
que un susurro. Si tuviera que adivinar,
me sacaba setenta años. Alguna vez trabajó
en hospitales, cortando cordones umbilicales
de vientres grasientos y amputando
miembros destruidos durante la guerra.
En ese momento yo no lo sabía.
La mitad inferior de su cuerpo
no podía moverse. Mi primo pasó
detrás del mostrador para ayudarla
a buscar alcohol. Sus dedos
se enredaron por dos minutos abriendo
el envoltorio del medicamento. No había
un cuarto aparte para mí. Dos puertas
que daban hacia la calle se mantenían abiertas.
Un perro tembloroso metía su hocico
en una negra bolsa de plástico abandonada,
derramando sus entrañas sobre la calle.
Me bajé los pantalones y ella me inyectó
con una aguja que tenía el largo de mi dedo
de en medio. Todavía no sé qué es lo que puso
dentro de mí. Yo reí y dije que me sentía
mareado. Mamá dijo que me sentara.
Arcoíris entumecidos le borraron el color
del rostro. Me reí. No puedo respirar, reí. No
puedo respirar, no puedo…

I do not want to say I almost died.
I did not feel any pain. A pickup truck
full of shirtless men drove by, each
sweating off the dust and shouldering
an empty stare. Two locals walked in
from the street to holler advice. A man
with a moustache rusty as his machete.
A woman who had balanced a basket
of red beans on her head. Mama, forever
faithful, forever Mormon, called down
all the Catholic saints. I returned to her
cry of *mijo, mijo,* and the embossed outline
of her face through a dazed shield of purple.
My neck curled the way paper twists
when thrown into a flame. I breathed.
I seized. I rocked back and forth, my arms
whipping to and fro like limp limbs
in the wind, a quarter century of muscle
convulsing like a possessed man.
I begged my family for forgiveness
as I kicked back their arms. I thanked
Mama for her patience as I shook
from her grasp. *Tranquilizate, hombre*,
my primo said, clenching my wrists.
The doctora sat serene as a hen
hanging by her feet from a line.
It took five minutes before I stopped
seizing. It took five minutes before
I could see their faces clearly, Mama's
skin stretched like a bag over her face,
the twitching size of her eyes. *I love you*,
I cried, holding her shaking hands in mine.
I love you. I love you. Over and over again.
¡Dios mío! Ya empezó a hablar en babosadas,
cried the señora with her basket of beans.
No, no son babosadas, I told her. *Es inglés.*
Es inglés.

No quiero decir que estuve a punto de morir.
No sentí dolor alguno. Un picap lleno
de hombres sin camisa pasó, cada uno
sudando el polvo y cargando una mirada
vacía. Dos vecinos entraron de la calle
para tirar consejos a gritos. Un hombre
con un bigote tan oxidado como su machete.
Una mujer que equilibraba una canasta
de frijoles rojos en su cabeza. Mamá, siempre
fiel, siempre mormona, invocó
a todos los santos católicos. Regresé a ella
en su grito de *mijo, mijo,* y al relieve
de su rostro grabado a través de un escudo
morado de aturdimiento. Mi cuello se retorció
como el papel cuando se arroja al fuego. Respiré.
Convulsioné. Me sacudí de atrás hacia adelante,
con los brazos azotando de un lado a otro como ramas flojos
en el viento, un cuarto de siglo de músculo
sacudiéndose como un poseído.
Pedí perdón a mi familia
mientras tiraba patadas a sus brazos. Agradecí
a Mamá por su paciencia mientras temblaba
fuera de su abrazo. *Tranquilízate, hombre,*
dijo mi primo, apretando mis muñecas.
La doctora permanecía serena como una gallina
colgada de las patas con un alambre.
Pasaron cinco minutos hasta que dejé
de convulsionar. Pasaron cinco minutos antes
de poder ver sus rostros con claridad;
la piel de Mamá estirada como una bolsa sobre su cara,
el tamaño tembloroso de sus ojos. *I love you,*
dije llorando, tomando sus manos temblorosas entre las mías.
I love you, I love you. Una y otra vez.
¡Dios mío! Ya empezó a hablar en babosadas,
gritó la señora de la canasta de frijoles.
No, no son babosadas —le dije—. *Es inglés.*
Es inglés.

FOR THE LATINX KIDS WHO, LIKE ME, SUCK AT SPANISH

When I asked the Chilean master Raul Zurita
what I could do to improve my poems in Spanish,

he said, *¿Porque quieres escribir en español?*
Tu mundo, tu realidad es en inglés.

I stood frozen outside the locked door
of his mouth as he shook my hand
the way you rip a bad poem from a notebook.

Kid, I know you've torn through your rhyme books,
searching for a way to make your tongue
less gringa y más chingón.

Kid, no one will ever tell you:
English doesn't belong to white people.

You will go to school and teachers will give you books
and tell you to find yourself in them
the same way they gave you crayolas
in kindergarten and told you to color a picture
of yourself without any brown crayons.

In first grade, I hated speaking Spanish
to my mama. I applauded myself
for correcting her English.
I was the only one of her children
who didn't need an ESL class.
My parents were so proud.

We spent years having conversations
neither of us could understand.

Kid, I know you understand the distance
that can turn your own mother
into a foreign country.

PARA LXS NIÑXS LATINXS QUE, COMO YO, SOMOS PÉSIMXS CON EL ESPAÑOL

Cuando pregunté al maestro chileno Raúl Zurita
qué podía hacer para mejorar mis poemas en español,

él dijo: *¿Por qué quieres escribir en español?*
Tu mundo, tu realidad es en inglés.

Me quedé paralizado fuera de la puerta cerrada
de su boca mientras me estrechaba mi mano
como quien arranca un mal poema de un cuaderno.

Muchacho, sé que has destrozado tus libros de rimas,
buscando una manera de hacer tu lengua
menos gringa y más chingona.

Muchacho, nadie nunca te dirá:
que el inglés no pertenece a la gente blanca.

Irás a la escuela y los maestros te darán libros
y te dirán que te busques en ellos
de la misma forma como te dieron crayolas
en el kínder y te dijeron que colorearas
un dibujo de ti mismo
sin ningún crayón café.

En primer grado odiaba hablar español
con mi mamá. Me aplaudía a mí mismo
por corregir su inglés.
Era el único de sus hijos
que no necesitaba clases de ESL.
Mis padres estaban tan orgullosos.

Pasamos años teniendo conversaciones
que ninguno de los dos podía entender.

Muchacho, sé que entiendes la distancia
que puede convertir a tu propia madre
en un país extranjero.

When your four-year-old cousins correct
your Spanish, you will feel unsteady
as an infant learning to walk.

But even when you trip, you only fall in love

with the way a room full of Latin women
suena como una luna llena de pájaros,

the way verses from Residente te dan calofríos,

the way your crush hollers and rocks to Selena.

When your homies mock you
for speaking white-washed,
don't let them reduce you to your tongue.
You were raised on the same frijoles y queso duro.
Blood doesn't speak any language.

There are over a billion speakers of English across the world,
but less than half are white as we are taught:
we are Brown and Black, Asian and African.
We Chinua Achebe the rhythm, Junot Díaz our diction.

When Europeans enslaved our indigenous and African
ancestors, they could strip away their families
and language but they could not beat their song
out of them. When the slave masters took away
their drums and songs of worship, they began pattin juba,
beating their chest and legs, taut as drumheads,
kicking the floor until their heels bled
prayers over the earth.

When they cut out your tongue,
you find another way to pray.

Cuando tus primos de cuatro años corrijan
tu español, te sentirás inestable
como un bebé aprendiendo a caminar.
Pero incluso cuando tropieces, tú solo te enamorarás

de la forma en que una habitación llena de mujeres latinas
suena como una luna llena de pájaros,

de cómo los versos de Residente te dan escalofríos,

de cómo tu *crush* grita y se mueve con Selena.

Cuando tus compas se burlen de ti
por hablar tan blanco,
no permitas que te reduzcan a tu lengua.
Creciste con los mismos frijoles y queso duro.
La sangre no habla ningún idioma.

Hay más de mil millones de personas que hablan inglés a lo largo del mundo,
pero menos de la mitad son blancas como se nos enseñó:
somos morenos y negros, asiáticos y africanos.
Nosotros Chinua Achebe el ritmo, Junot Díaz nuestra dicción.

Cuando los europeos esclavizaron a nuestros ancestros indígenas y africanos,
pudieron arrancarles sus familias
y su idioma, pero no pudieron arrancarles a golpes el canto
hasta sacarlo de ellos. Cuando los amos esclavistas les quitaron
sus tambores y sus cantos sagrados, empezaron a hacer pattin juba,
golpeando pecho y piernas, tensos como parches de tambor,
pateando el suelo hasta sangrar los talones
en oraciones sobre la tierra.

Cuando te cortan la lengua,
encuentras otra forma de rezar.

Nota del autor: Consideramos esta traducción, en gran medida, una transcripción, dado que no existe ocasión alguna en la que el propósito de este poema pueda cumplirse en español.

STRICTLY 4 MY SALVIZ

They look like tortillas
& yanquis can't tell the difference

entre mexicano y guanaco,
entrées como accents y pimienta.

Call them "tamale pancakes," "stuffed
masa frita," "the humble lovechild

of a quesadilla y calzone." The Spanish
couldn't pronounce kukumutzin either

—what we called pupusas before we forgot
the taste of nawat y tumawakayu.

Take a knife to my skin
if you want to see what we're made of,

but real guanacxs, we ain't afraid
to get our hands dirty.

I stink loco with loroco's reefer, slap
& massage masa until its ass-fat.

My father used to slap my hands
for squeezing maseca like play-doh.

Making pupusas is women's work, he'd say.
Call me a maricon. Once, he threw out

an entire restaurant-bought batch
porque la salsa no era autentico. Whatever.

Now, you can find pizza-pupusas
y pupuserias in rural Utah. Now, I smack

STRICTLY 4 MY SALVIZ

Parecen tortillas y los yanquis
no pueden decirme la diferencia

entre mexicano y guanaco,
entradas como acentos y pimienta.

Las llaman “tamales/pancakes”, “masa frita
rellena”, “el humilde hijo bastardo

de una quesadilla y un *calzone*”.
Los españoles tampoco podían pronunciar *kukumutzin*;

así llamábamos a las pupusas antes de olvidar
el sabor del *nawat* y el *tumawakayu*.

Pasa un cuchillo por mi piel
si quieres ver de qué estamos hechos,

pero lxs guanacxs de verdad
no le tenemos miedo a ensuciarnos las manos.

Apesto bien loco al monte de loroco, palmeo
y masajeo la masa hasta dejarla culona.

Mi padre me pegaba en las manos
por apretar la maseca como plastilina.

Hacer pupusas es trabajo de mujeres, decía.
Llámame maricón. Una vez tiró

toda una tanda que compramos en un restaurante
porque la salsa no era auténtica. Da igual.

Ahora hay pizza-pupusas
y pupuserías en el Utah rural. Ahora aplasto

fried chicken into la masa & watch
it pop & tremble campero

into a bassline of humo y fuego.
Call them what you like.

As for me, I'll call them domingos
where dinner set off fire alarms

& the entire house smoked
with mantequilla. I'll call them

noches we drowned out debt
collectors with kumbia,

where we all found forgiveness
chupando conchas like Pumba,

where no one left hungry but all left
licking their lips.

pollo frito dentro de la masa y la veo
reventar y temblar campero

en una línea de bajo de humo y fuego.
Llámales como quieras.

Yo las llamo domingos
en que la cena encendía las alarmas de incendio

y toda la casa se llenaba
de humo y mantequilla. Yo las llamo

noches para ahogar en cumbia
a los cobradores,

donde todos encontramos el perdón
chupando conchas como Pumba,

donde nadie se fue con hambre, pero todos salieron
relamiéndose los labios.

BORN GUANACO / GUANACO DE NACIMIENTO

ANONAS

You can split them apart with your bare hands, easy

as June and the wet sigh she blows over every neck.
Yes, it may feel as if her halves pulse in your hands,

but I assure you the pulse is the heat only, her uneasy

ticking, as you dip your nose, mouth, and chin
in. She grows heavy from limbs thick with hungry

wings, swelling until fruit cracks, white and pink. Sink

your teeth around each tender fold. Hold each black
seed and knead it between your lips. I once kissed

her flesh in the back of a pick-up truck, speeding

beneath the heaving breath of noon, my first
summer in Salvador.

Amor, I want you to know the humid and honeyed

taste of my country, the dust you can never
brush from the floor, the hammocks we tore

one restless night. La anona's cleft is nothing less

than the scars left the dawn
after we love what we know is lost.

ANONAS

Puedes partirlas con tus manos desnudas, con facilidad,

como junio y el suspiro húmedo que sopla sobre cada cuello.
Sí, puede sentirse como si sus mitades latieran en tus manos,

pero te aseguro que ese pulso es solo el calor, su inquieto

tic, mientras se hunden: boca, nariz y barbilla.
Se vuelven pesadas, con extremidades densas con alas

hambrientas, hinchándose hasta que el fruto se raja, rosado

y blanco. Hunde tus dientes en cada pliegue tierno. Sostén
cada negra semilla y aplástala entre los labios. Una vez besé

su carne en la parte trasera de una camioneta que aceleraba

bajo el aliento agitado del mediodía, mi primer
verano en El Salvador.

Amor, quiero que conozcas el meloso y húmedo

sabor de mi país, el polvo que nunca podrás
barrer del suelo, las hamacas que rompimos

una noche inquieta. La hendidura de la anona no es menos

que las cicatrices que deja el amanecer después de amar
lo que sabemos que hemos perdido.

LOVE SONG IN THE GLOAM WITH A TYRANNOSAURUS REX

She be a moon bottle, drenched in the thunderglow.
    I a storm with the eyes of a snake, with the aim

of the sinful indio headdress of Afrika Bambaataa,
    of a Tyrannosaurus Rex with cracked disco balls for shades

& a grill like Paul Wall minus a knuckles-worth of teeth
    —everything I say is chopped & screwed, saliva gluey

as maguey on my cacti tongue. Shoulders melt
    from her neck like candlewax onto my wrists, singe

a lullaby of grief like a red vein down my arm.
    Her hips hammer heartbeats through glass bells.

She be a moon bottle drenched in thunderlight,
    glowing on the porch like a wolf eye in gloam.

The hot glare of her mouth is a synonym
    for summer. I a storm with a black nose

digging its snout through wet grass. She socks
    the sockets of my septum with diamonds of heat,

my skull clenched between the almighty
    summermouth of a Tyrannosaurus Rex.

CANCIÓN DE AMOR EN LA PENUMBRA CON UN TIRANOSAURIO REX

Ella es una botella de luna, bañada en el resplandor del trueno.
Yo, una tormenta con ojos de serpiente, con la puntería

del pecaminoso penacho indio de Afrika Bambaataa,
de un tiranosaurio rex con lentes hechos con esferas de fiesta astilladas,

y una parrilla como la de Paul Wall, con un nudillo menos de dientes;
todo lo que digo va cortado y ralentizado, saliva pegajosa

como maguey sobre mi lengua de cactus. Sus hombros se derriten
desde su cuello como cera de vela sobre mis muñecas, y quema

una canción de cuna luctuosa como una vena roja que baja por mi brazo.
Sus caderas martillan latidos a través de campanas de vidrio.

Ella es una botella de luna bañada en el resplandor del trueno,
brillando en el portal como ojo de lobo en la penumbra.

El ardor luminoso de su boca es sinónimo
de verano. Yo, una tormenta de negro hocico

hurgando el pasto mojado. Ella encaja
las cuencas de mi tabique con diamantes de calor;

mi cráneo atrapado entre la todopoderosa
boca de verano de un tiranosaurio rex.

TO ELLE ALDER

I do not believe in ghosts but I believe you,

Love, face burning without smoke in the back
of your basement, winking with haunted bijoux.
You believe the stories in my bones, the secrets,
loves I burned to less than smoke in my back.

There are things I have told you I have not told God.

You believed the stories in my bones, the secrets
lost between the lips of the rumor who killed me.
There are things you have told me I would never tell God.
How could I? I cannot speak to the dead like you,

lost between the lips of the rumor who kissed me.

If the devil could not kill us, who else dare try?
How could I, I mean, can I speak to the dead like you?
I love you with the same muscle that once loved God,
the same one who couldn't kill us but will thereby.

I wanted to but could not kill myself after I met you.

You loved me with the same muscle that once loved God.
I do not believe in ghosts, but I believe you.
I wanted to but could not kill myself after I met you
in the back of your basement, winking with haunted bijoux.

PARA ELLE ALDER

No creo en los fantasmas, pero creo en ti,

Amor, el rostro ardiendo sin humo en la profundidad
de tu sótano, guiñando con alhajas embrujadas.
Tú crees en las historias de mis huesos, en los secretos,
en amores que incendié hasta que fueron menos que humo en mi espalda.

Hay cosas que te he contado, que no le he dicho a Dios.

Tú creíste las historias de mis huesos, los secretos
perdidos entre los labios del rumor que me asesinó.
Hay cosas que me has dicho, que yo jamás le diría a Dios.
¿Cómo podría? No sé hablar con los muertos como tú,

perdido entre los labios del rumor que me besó.

Si el diablo no pudo acabar con nosotros, ¿quién más los intentaría?
¿Cómo podría?, quiero decir..., ¿puedo hablar con los muertos como tú?
Te amo con el mismo músculo que una vez amó a Dios,
el mismo que no pudo matarnos, pero así lo hará.

Quise, pero no podía matarme después de haberte conocido.

Me amaste con el mismo músculo que una vez amó a Dios.
No creo en los fantasmas, pero creo en ti.
Quise, pero no pude matarme después de haberte conocido,
allá en la profundidad de tu sótano, guiñando con alhajas embrujadas.

TELEKINESIS

my hands have
no excuses
for not being magic

carpets, gliding
over the great wall
of china or the tip

of giza, atop
some pyramid
on your chest.

i don't know
enough about physics.
ask me

to pass the salt
& i'll bring
the pacific ocean.

everyone always
tires of the forks
flying like darts,

the still-sticky
coffee stains
on the ceiling.

moving you
would never be
as satisfying

as the moments
we hang
still as childless

TELEQUINESIS

mis manos
no tienen excusas
para no ser alfombras

voladoras, deslizándose
sobre la gran muralla
china o la punta

de giza, encima
de alguna pirámide
en tu pecho.

no conozco
lo suficiente de física.
pregúntame

si puedo pasarte la sal
y te traeré
el océano pacífico.

todo el mundo siempre
se cansa de los tenedores
que vuelan como dardos,

las manchas pegajosas
de café
en el techo.

moverte
nunca sería
tan satisfactorio

como esos momentos
en que quedamos quietos
como columpios sin niños.

swing sets. you
probably could still
move my body

effortlessly
across a room
or country, leave

my bedsheets
shivered any angle
you please.

i'd slam the door
over & over
without ever leaving.

i'd throw your bras
& toiletries
from the balcony

only to realize
i called them back
in my dreams.

i've never been
anything more
than a mustard seed,

a mountain with
too many legs
and ankles twisted.

there's always
something my mind
keeps spinning,

tú probablemente
aún podrías
mover mi cuerpo

sin esfuerzo
a través de una habitación
o de un país, dejar

mis sábanas estremeciéndose
en cualquier ángulo
que se te antoje.

yo azotaría la puerta
una y otra vez
sin irme jamás.

arrojaría tus brasieres
y artículos de aseo
desde el balcón

solo para darme cuenta
de que los llamé de vuelta
en mis sueños.

nunca he sido
algo distinto
a una semilla de mostaza,

una montaña con
demasiadas piernas
y tobillos torcidos.

siempre hay
algo que mi mente
mantiene girando;

never a thought
that doesn’t move me
closer to you.

nunca es un pensamiento
que no me lleve
más cerca de ti.

LOVE SONG AT A BAR MIXING SALIVA AND TEQUILA

ft. Janel Pineda

I hold my liquor

the same way

I hold my men I spit them out

before I damage

any vital organs

CANCIÓN DE AMOR EN UN BAR MEZCLANDO SALIVA Y TEQUILA *ft. Janel Pineda*

Aguanto el trago

de la misma forma

en que aguanto a mis hombres: los escupo

antes de dañar

algún órgano vital

PA' MIS BRUJAS

After Ada Limón

I like las brujas best, the witches
whose voices bleed across veils,
who can hold a whole storm
in a raindrop cutting purple
across a fogged window. I like
their wicked swagger, after losing
another lover, another battle
against the cruel world—blunts up,
bitches, blunts up! As if the big
dangerous animals inside of me
can be bridled, spurred, and giddied
up in a blackened tangle of tea leaves,
as if I, too, may one day kill God
and still receive answers
to my loneliest prayers.
Don't you want to believe it?
Don't you want to lift your eyes and see
La Santa Muerte blow you
lightning from a crack in the storm,
to know no man will survive
the beast they made you?

PA' MIS BRUJAS

Después de Ada Limón

Me gustan más las brujas, las brujas
cuyas voces sangran a través de los velos,
las que pueden contener una tormenta entera
en una gota de lluvia cortando en púrpura
un vidrio empañado. Me gusta
su balanceo perverso, después de perder
otro amor, u otra batalla
contra el mundo cruel. Arriba los porros,
perras, ¡porros en alto! Como si los grandes
y peligrosos animales dentro de mí
pudieran ser domados, espoleados, montados
en la ennegrecida maraña de unas hojas de té,
como si yo también pudiera algún día matar a Dios
y aun así recibir respuestas
a mis oraciones más solitarias.
¿No deseas creerlo?
¿No quieres levantar la mirada y observar
a la Santa Muerte soplarte
relámpagos desde una grieta en la tormenta,
y saber que ningún hombre sobrevivirá
a la bestia en que te convirtieron?

WHAT HIP-HOP SAID WHEN I LOOKED IN THE MIRROR

—Mijo,
no niegas que vienes de mi ombligo.
I was lethal when you was fetal, scratched
records when you feared needles.
Never had a mirror near you ain't know shit
about your people. ¿Were you black,
brown, or illegal? Gringos saw you as below,
vetoed your voice as feeble, but we know
you was seeing visions like Ezekiel.
Ain't talking spinning rims or wallets fat
with c-notes. You were on the camino
to be more than how they read you.
Thought it made you more
than your amigos, smoking blunts, high
on perico. The difference between Jay-Z
and Beanie Sigel. You let your ego lead you.
Didn't look in the rearview. I gave you
knowledge of self. You pushed your history
beneath you. Followed teachers who deceived
you, surrounded by white people. Like I'm not
why ya feet grew. You ain't need me
more than I need you. So see-through, thirsty
for shining. Punk-ass gave up on rhyming.
They called you rapper before a poet. You never rose
up to own it. Now you say you made it. Son,
tell me how that life taste. Worry less if you spit
truth. Keep worrying bout "the White space."
Keep worrying bout zines none of your family
reads. You too grown for rap CD's and bootlegging
MP3's. Keep calling your silence ruckus. You ain't
the first to punk out. Shit, hella brown poets
scared to touch this. You can fool yourself,
but you never fooled me. If you wan be anything
other than sucker, you go through me. ¿What?
¿you forgot 'bout Lauryn Hill and Nas?
¿Who the fuck you think taught you how to rock?
To grit, to hustle, to spit like I do.
I should send Tony Toca to kick the shit

LO QUE DIJO EL HIP-HOP CUANDO ME VI EN EL ESPEJO

—Mijo,
no niegas que vienes de mi ombligo.
Yo era letal cuando eras fetal, rayaba
discos cuando te asustaban las agujas.
Nunca tuviste cerca un espejo, no sabías
ni mierda de tu pueblo. ¿Eras ilegal,
marrón o negro? Los gringos te vieron hacia abajo,
por débil te vetaron la voz, pero nosotros sabemos
que veías visiones como Ezequiel.
No estoy hablando de rines girando ni gordas billeteras
con fajos de cien. Tú ibas en el camino
a ser más de lo que podían leer en ti.
Pensaste que eso te hacía más
que tus amigos, prendiendo *blunts*, y estando hasta arriba
de perico. La diferencia entre Jay-Z
y Beanie Sigel. Dejaste que te moviera el ego.
No viste por el retrovisor. Yo te revelé
conocimiento sobre ti mismo. Tú empujaste
tu historia por debajo de ti. Seguiste maestros
que te engañaron, rodeado de gente blanca. Como si yo no
hubiera sido quien agrandó tus pies. No me necesitabas
más de lo que yo te necesito a ti. Tan transparente,
con sed de brillar. Pendejo, dejaste la rima.
Te llamaron rapero antes que poeta. Nunca te paraste con firmeza
para adueñarte de eso. Ahora dices que lo lograste.
Cuéntame, hijo, a qué sabe esa vida. Deja de preocuparte,
si escupes verdad. Síguete preocupando por "el *white space*".
Síguete preocupando, por fanzines que no lee nadie
de tu familia. Ya estás muy grande para CD's de rap
y *MP3's* piratas. Sigue diciendo que tu silencio es ruido.
No eres el primero en echarse para atrás. ¡Mierda! Un vergo
de poetas morenos tienen miedo de tocar esto. Puedes autoengañarte,
pero a mí nunca me engañaste. Si quieres ser algo distinto
a un pendejo: pasas por mí. ¿Qué?,
¿ya te olvidaste de Lauryn Hill y Nas?,
¿quién putas crees que te enseñó a rockear?,
¿a tener aguante, a rebuscarte, a escupir como yo?
Debería mandar a Tony Toca a romperte

outta you. You can't step to the Queen
unless your record be mean. If you run,
my heart'll beat thicker through your chest
and your brain, make letters go lean and hiss
incredible things, cuz I'm unforgettable
in the ebb and flow of your indelible vein.

el hocico. No puedes enfrentarte a la Reina
si tu disco no es feroz. Si corres,
mi corazón latirá con mayor densidad a través de tu pecho
y tu cerebro, hará que las letras se inclinen y siseen
cosas increíbles, porque no puedo ser olvidado
en el vaivén de tu vena indeleble.

DARK SKY PARADISE

To Salt Lake City

I

The city looks like the dying buds
of a billion cigarettes. The smoke
sweeps the valley floor like dark
angels. You don't need to believe
in angels. Just look outside
the window. Lights flicker
like stars caught between clouds,
waiting for a fix, the empyrean
embers shivering in the smog
like the eyes on the corner
& the butt on the lips
of the man on Main begging
for one last hit, exhaling black
cherubs from a spliff, whispering
spider webs and mist. I don't need you
to be convinced of the song I am
singing. I don't mean to mutter
under my breath, but I'm trying
not to breathe. Swallow this air
and taste what I am talking about.

Salt Lake City is an ashtray.

I once was foolish enough to believe
that I could make myself beautiful
enough for her to want me. Listen,
I was lost, lost inside the rhythm
of a chandelier's shadow, the bold
gold black of concert halls, where
I'd imagine her pink fingertips
snowflaking over my arms
as violinists cut bows across their chests

PARAÍSO DE CIELO OSCURO

Para Salt Lake City

I

La ciudad luce como los brotes moribundos
de un billón de cigarrillos. El humo
barre el fondo del valle como lo harían ángeles
oscuros. No hace falta creer
en ángeles. Basta con mirar
por la ventana. Las luces parpadean
como estrellas atrapadas en medio de las nubes,
esperando su dosis, brasas empíreas
tiritando en el smog
como los ojos en el esquina
y la colilla en los labios
del hombre en Main que suplica
un último *hit*, mientras exhala negros
querubines de un porro, y susurra
telarañas y niebla. No necesito
convencerte de la canción que estoy
cantando. No intento murmurar
entre dientes, pero tratando
de no respirar. Traga este aire
y prueba de qué estoy hablando.

Salt Lake City es un cenicero.

Alguna vez fui lo tan ingenuo que creí
poder volverme lo suficientemente hermoso
para que ella me quisiera. Escucha:
estaba perdido, extraviado al interior del ritmo
de la sombra de un candelabro, el rotundo
negro-dorado de los salones de concierto, donde
imaginaba las puntas rosadas de sus dedos
nevando sobre mis brazos

like tribes of angry masochists. I am
embarrassed by who I used to be,
my letters drunken funambulists,
fumbling off lines, my pen
a black thunderbolt from a god
so small & angry. I thought myself lucky
to be here at all, to catch a mouthful
of smoke & call it a kiss. Am I still posturing,
putting on your favorite "street Milton"?
Eliot with a hoodie & holes in my zap-a-toes?
I am told I should be proud to be here,
reading in this gallery, reading in this library,
reading in this classroom, with my degrees
& my loan money. So much better than all
the other brown boys, than my parents,
than anyone could have hoped
from someone like me.

mientras violinistas cortaban sus arcos contra el pecho
como tribus de masoquistas furiosos. Yo
siento vergüenza de quien fui,
mis cartas, ebrias equilibristas,
tropezando fuera del verso, mi lapicero
un rayo negro de algún dios
tan diminuto como enojado. Creí tener suerte
solo por estar aquí, por capturar un bocado
de humo y llamarlo beso. ¿Sigo posando,
poniéndome tu "Milton callejero" favorito?
¿Eliot con sudadera y ollos en sus *zap-a-toes*?
Me dicen que debería estar orgulloso de estar aquí,
leyendo en esta galería, leyendo en esta biblioteca,
leyendo en este salón de clases, con mis títulos
y el dinero del préstamo. Mucho mejor que todos
los demás chicos morenos, mejor que mis padres,
mejor de lo que cualquiera habría esperado
de alguien como yo.

II

I keep trying to write this poem. In it, the valley floor looks like the orange buds of cigarettes. From this balcony, I try not to think about it, but I mutter its half-finished lines on my tongue. I am at a mansion in the mountains for a dinner party. The air is thick with bonfire & pine needles. From here, the summer sunset is a corolla around the valley. From here, they do not breathe in the smoke. The view is so perfect I picture myself as a young Joseph, seeing this valley in a vision for the first time. I can see my home from here, my high school, the freeway I take to go to college every morning. *Someone could die cleaning these*, a guest remarks. *All this glass, so high up*. From here, I can see the west side, the half of the city where my students live. Earlier, I took them on a tour of the college. I know none of them will be able to afford its tuition. One of them refused to go on the tour. Said it would hurt too much. These are the windows my students' mothers, my mother, cleans. *Yeah, we pay someone, we don't think about it*, the millionaire says. *Just look outside the window.*

II

Sigo intentando escribir este poema. En él, el fondo del valle es como los brotes naranjas de los cigarrillos. Desde este balcón, trato de no pensarlo, pero murmuro sus versos a medio terminar sobre mi lengua. Estoy en una mansión en las montañas, para una cena elegante. El aire está espeso a punta de fogata y agujas de pino. Desde aquí, el atardecer de verano es una corola alrededor del valle. Desde aquí, ellos no respiran el humo. La vista es tan perfecta que me imagino como un joven José, viendo este valle en una visión por primera vez. Desde aquí puedo ver mi casa, mi secundaria, la autopista que tomo para ir a la universidad cada mañana. *Alguien podría morir limpiando esto*, comenta un invitado. *Todo este vidrio, tan alto*. Desde aquí puedo ver el lado oeste; la mitad de la ciudad donde viven mis estudiantes. Temprano los llevé a dar un tour por la universidad. Sé que ninguno podrá pagar la matrícula. Uno de ellos se negó a hacer el recorrido. Dijo que dolería demasiado. Estas son las ventanas que limpian las madres de mis estudiantes, mi madre. *Sí, le pagamos a alguien, no pensamos en eso*, dice el millonario. *Solo mira afuera por la ventana*.

ZAC IVIE

BROKEN SPEARS

Otto Rene Castillo, *Vámanos patria a caminal* | *Come, country, let's walk*

The most ancient
ancestor
I have
is love.

El antepasado
más antiguo
que tengo
es el amor.

Vision de los Vencidos

The half-life of love is forever.

Junot Díaz, This is How You Lose Her / Así es como la pierdes

La media-vida del amor es para siempre.

WHERE DEAD WARRIORS TELL US OF THE PILLARS OF FIRE RAVAGING THE NIGHT

We knew they were brutes when they first saw our temples and grew nervous by its glory, its gold, its gold, its blood-thirsty gold.

A decade before the blade drew its thousand grins
grim across our chests, years before bellies split
wide as the jaws of women in labor and hollered us
hollow, we were lords of feather and gold, our gods

enflamed, erupting from our veins, the city walking
on water like a nation of crooked Christs. Fuck you
know bout sacrifice? Our queens punched barbed
rope through their tongues and rapped to gods. We mean

We built our nation where our god of war and sun took us, a land where the eagle took the serpent writhing in its beak and broke its back, a land where our men were the eagles and everyone else writhing.

Before, we couldn't recognize their language, their signs. But now we see them everywhere. Their badges. Their All-Seeing Eyes. Even the spangled stars.

it when we say we gave our hearts to el pueblo. After birth,
our elders buried our umbilical cords in battlefields, where all
heroes are born, donned in eagle feathers and jaguar skin.
Who were we to fear fire and foreigner when our monsters

demanded our lives on the altar? No, we feared nothing
made of blade and blood. What we feared were the pyramids
bursting in the sky, larger than the ancient Tlachihualtepetl,
the eye at its apex weeping fire as it murdered the stars.

It was like a flaming ear of corn, or a fiery signal, or the blaze at daybreak. It seemed to bleed fire, drop by drop, like a wound in the sky.

We fear the way they stole a year's worth of night
and revealed our secrets, the ways we fucked
until we sobbed unwillingly into women's breasts,
the way our nightmares became endless as we lost

¿Was it you, Xiuhcoatl, atlatl of our god, shot from the sky to smite us? We recognized your slither, your snake of smoke and flame, the raid and ransack to follow.

sleep, staring into the pyramids' blind blue eyes,
the snakes of light pillaging the sky, burying the night
in so much gold we became paupers, begging one another
for darkness, the mercy of an eye shut to our squalor.

It cut open the sky, without obsidian or flint, and burned the heart of the heavens in front of all to see, our nation, our god.

DONDE LOS GUERREROS MUERTOS NOS HABLAN DE LOS PILARES DE FUEGO QUE ARRASAN LA NOCHE

Fundamos nuestra nación donde nuestro dios de la guerra y el sol nos llevó, una tierra donde el águila atrapó a la serpiente que se retorcía en su pico y le rompió la espalda, una tierra donde nuestros hombres eran las águilas y el resto: se retorcían.

Supimos que eran brutos cuando vieron por primera vez nuestros templos, y se inquietaron ante su gloria, su oro, su oro, su oro con sed de sangre.

Una década antes de que la espada dibujara sus mil sonrisas
sombrías a través nuestros pechos, años antes de que se abrieran los vientres
tan anchos como las mandíbulas de mujeres en labor de parto y nos dejaran
huecos a fuerza de gritos, éramos señores de plumas y oro, nuestros dioses

en llamas, eructando desde nuestras venas, la ciudad caminando
sobre el agua como una nación de Cristos corruptos. ¿Qué putas saben
ustedes de sacrificio? Nuestras reinas atravesaban sus lenguas con
alambres de púas y rapeaban para los dioses. Hablamos en serio

cuando decimos que entregamos nuestros corazones al pueblo. Al nacer,
nuestros mayores enterraban nuestros cordones umbilicales en campos de batalla,
donde nacen todos los héroes, vestidos con plumas de águila y piel de jaguar.
¿Quiénes éramos para temer al fuego y al extranjero cuando nuestros monstruos

No podíamos antes reconocer su idioma, sus signos. Pero ahora los vemos por todas partes: sus insignias, sus ojos que todo lo ven. Incluso sus estrellas centelleantes.

reclamaron nuestras vidas en el altar? No, no teníamos miedo a nada
hecho de filo y sangre. Teníamos miedo a las pirámides
estallando en el cielo, más grandes que la antigua Tlachihualtepetl,
el ojo en su cúspide llorando fuego mientras asesinaba a las estrellas.

Era como una mazorca de maíz encendida, o una señal de fuego, o la llamarada del amanecer. Parecía sangrar fuego; gota a gota, como una herida en el cielo.

Tememos a la manera en que por la noche robaron un año entero y revelaron
nuestros secretos, las formas en que fornicamos
para llorar involuntariamente contra los pechos de las mujeres,
la forma en que las pesadillas se hicieron interminables cuando perdimos

¿Fuiste tú, Xiuhcoatl, *atlatl* de nuestro dios, disparado desde el cielo para abatirnos? Reconocimos tu forma de reptar, tu serpiente de humo y fuego, la incursión y el saqueo que vinieron detrás.

el sueño, mirando a los ojos ciegos y azules de las pirámides,
las serpientes de luz saqueando el cielo, enterrando la noche
bajo tanto oro que nos convertimos en mendigos, suplicando unos a otros
por oscuridad, por la misericordia de un ojo cerrado ante nuestra miseria.

Abrió el cielo con un corte, sin obsidiana ni pedernal, y quemó el corazón de los cielos, para que todos contemplaran: nuestra nación, nuestro dios.

WHERE THE FLAME SPEAKS TO THE EMPIRE

hummingbirds ripple like darts
through my hair a giant wing brandishing
its bladed tips against the jeweled throat
of night watch me soar raise my quicksilver
skirt to the heavens & leave the city in fever
a downpour of river & rainwater at my feet for me
to splash & evaporate swallow my ash
amorcito reach for my heart i am the nation
you sacrifice for your comfort who cooks your food
licks the floor clean of your dust i am a protest
you cannot touch my hands clap & the city
loses a temple i do not believe in non-violence
this burning in my belly is all i have
ever known in my mouth
a thousand burning feathers alight

DONDE LA LLAMA LE HABLA AL IMPERIO

los colibríes fluctúan como dardos
a través de mi cabello un ala gigante blande
sus puntas afiladas contra la garganta llena de joyas
de la noche mírame elevarme alzar mi falda
de mercurio hacia los cielos y dejar la ciudad en fiebre
un diluvio de río y agua-lluvia a mis pies para que
salpique y se evapore traga mi ceniza
amorcito alcanza mi corazón yo soy la nación
que sacrificas para tu comodidad quien prepara tu comida
y lame el limpio suelo de tu polvo yo soy una protesta
que no puedes tocar mis manos aplauden y la ciudad
pierde un templo yo no creo en la no-violencia
este incendio en mi vientre es todo lo que
he conocido en mi boca
mil plumas prendidas en fuego

WHERE EL PUEBLO LAMENTS AFTER ANOTHER TEMPLE BURNS

In a rain so humid it hums like a bug
woozy with sugar & blood, whistling
into the corners & pits of the body

—it struck, another fire, another god
without thunder or bolt, only its red lips
blistering rumors into the veins of night.

The street torn to tatters & tar, eyes
sucked black by the sun. This is what
we all look like beneath

our thatched temples & makeshift
prayers: gods lost in ahistoric ash,
the meanings of our own names

forgotten in unyielding bedrock.
Now I bow to any greatness willing
to cut the hunger out my mouth,

who will give me a myth for each
misery, a song to soften the sorrow,
who knows when to abandon me

to my godlessness until I surrender
to the gut-gilded altar, unable
to distinguish my hands from

the shadow and its song,
something about the soot
I will soon become.

DONDE EL PUEBLO SE LAMENTA DESPUÉS DE QUE OTRO TEMPLO ARDA

En una lluvia tan húmeda que zumba como un insecto,
aturdido con azúcar y sangre, silbando
contra los rincones y las cavidades del cuerpo;

golpeó: otro fuego, otro dios
sin trueno ni relámpago, solo sus labios rojos
abrasando rumores en las venas de la noche.

La calle hecha jirones y alquitrán, ojos
succionados por la negrura del sol. Así es como
todos nos vemos por debajo

de nuestros templos de paja e improvisadas
oraciones: dioses extraviados en una ceniza ahistórica,
los significados de nuestros propios nombres

olvidados en la roca inquebrantable.
Ahora me inclino ante cualquier grandeza dispuesta
a arrancar el hambre de mi boca,

quien me obsequie un mito por cada
miseria, una canción que suavice el lamento,
quien sepa cuándo abandonarme

con mi falta de fe hasta que me rinda
frente al altar dorado por las entrañas, e incapaz
de distinguir mis manos de

la sombra y su canción;
algo acerca del hollín
en que pronto me convertiré.

WHERE WE PRAY FOR THE WORSHIPPERS OF FALSE GODS AS THREE COMETS TEAR THROUGH THE SKY

i hope you never see The Sun
i hope you never know where

His Light comes from
i hope you never know

whether He is lying or not
i hope you never know

no one not even The Sky
can contain Him
i hope you never know
you are The Sky
holding every eternity inside
you can be everything & still

you would never be enough

for any Fist of Fire
tearing through you

with His Thousand Hearts & Eyes
searing hot enough
to slash every color
through your indigo

until
the three cuts
between your legs

mirror
the three cuts
scorching the sky

both bleed a brilliant red light
both birth an animal

with more limbs than a battlefield
more tongues than a temple on fire

i hope you never hear the rattle inside the neck

a thousand uvula clanging
from the back of the throat
like a hatchet
whistling in the air
like a call to worship
an entire nation cowered before a false god
i hope you never need a god
as hot & blinding

DONDE REZAMOS POR LOS QUE ADORAN FALSOS DIOSES MIENTRAS TRES COMETAS ATRAVIESAN EL CIELO

espero que nunca veas El Sol
espero que nunca sepas de dónde

proviene Su Luz
espero que no te enteres nunca
si Él está mintiendo o no
espero que nunca sepas
que nadie, ni siquiera El Cielo,
puede contenerlo espero que nunca sepas
que tú eres El Cielo

conteniendo toda eternidad en tu interior,
puedes todo que quieras y aun así
nunca serías suficiente
para ningún Puño de Fuego
abriéndose paso a través de ti
con sus Mil Ojos y Corazones
ardiendo con el calor suficiente
para reducir cada color a través de tu índigo
hasta que los tres cortes entre tus piernas

reflejen los tres cortes calcinando el cielo

ambos sangran una luz roja y brillante ambos hacen nacer un animal

con más extremidades que un campo de batalla con más lenguas que un templo en llamas

espero que nunca escuches la sonaja dentro del cuello

mil úvulas repicando desde lo más hondo de la garganta
como un hacha
silbando en el aire como un llamado para adorar
a una nación entera se acobardó ante un falso dios

espero que nunca necesites un dios

tan ardiente y cegador

as The Sun

i hope you never give up your darkness for light

i hope you never see His all-encompassing fulgor

i hope you never see your children chase the same horizon

i hope you never need His warmth

i hope you never lose

i hope you never lose someone you love

i hope you never lose hope

i hope you never lose your history

i hope you never learn

never learn your history

never learn hope

never learn i hope you never

i hope you never become

i never hope

i hope i never

como El Sol

espero que nunca cambies por luz tu oscuridad

espero que nunca veas su fulgor omnipresente

espero que nunca veas a tus hijos perseguir el mismo horizonte

espero que nunca necesites de Su calor

espero que nunca pierdas

espero que nunca pierdas a alguien que amas
espero que nunca pierdas la esperanza
espero que nunca pierdas tu historia espero que no aprendas nunca

que nunca aprendas tu historia que nunca aprendas de esperanza

que nunca aprendas espero que nunca

espero que nunca te conviertas yo nunca espero

yo espero que yo nunca

~~He ... sent out~~
~~the dove from~~
~~the ark to see~~
~~if the waters~~
~~had abated~~
~~from the face~~
~~of the ground.~~
~~And the dove~~
~~came in to him i~~
~~n the evening;~~
~~and, lo, in her~~
~~mouth was an~~
~~olive leaf~~
~~luckt off: so~~
~~Noah knew~~
~~t the waters~~
~~re abated~~
~~n off the~~
~~arth.~~

WHERE THE FLOOD SPEAKS TO THE EMPIRE

        no lamb's blood   no dove with a branch   no promises from false gods   no bull, no cow
no boar, no sow   each split   when i flood   leave the world littered   with dam-starved cubs & calves
        blind, tonguing one another's   eyes like teats, ignorant   infants, too wise to bow   before their fathers
i am not a baptism   when i flood   you are not forgiven   i do not understand   the languages
        of your prayers   i float in thin air & darken   spit a mammoth bone, crack   lightning across sky & skull
i am taking my half   of the body back   the saliva slickening   your lips & the bit   you weep into the pits
        of twisted men   you covet & deny   after wringing their throats   dry with your moaning hands
listen: the next time you thirst for water   listen: the next time you need   the crash & shiver of my tide
        draw a growl   across your gut & give me   all of your hunger   i want the snake to slither
out the belly, reeking of iron & shit   you have built a city on my back   but now we are taking it back
        one roof   one foal   one gag   one child   one mouthful of water at a time

~~And they sha~~
~~take of the blo~~
~~and strike it on~~
~~the two side post~~
~~and on the upper~~
~~door post of the~~
~~houses... The~~
~~blood will be a~~
~~sign for you on~~
~~the houses where~~
~~you are, and when~~
~~I see the blood, I~~
~~will pass over you.~~
~~No destructive~~
~~plague will touch~~
~~you when I strike~~
~~Egypt.~~

DONDE EL DILUVIO LE HABLA AL IMPERIO

no sangre de cordero   no paloma con una rama   no promesas de falsos dioses   no toro, no vaca
no jabalí, no cerda   cada uno separado   cuando diluvio   dejo al mundo sembrado   con crías y terneros hambrientos
ciegos, lamiéndose los ojos   unos a otros como pezones, infantes   ignorantes, demasiado sabios   para inclinarse ante sus padres
no soy un bautismo   cuando diluvio   no eres perdonado   no comprendo   los idiomas
de tus rezos   floto en el aire liviano y oscurezco escupo un hueso de mamut, rompo   el relámpago a través del cielo y el cráneo
tomo de regreso   mi mitad del cuerpo   la saliva que lubrica   tus labios y el bocado   en que lloras dentro de las cavidades   de hombres
torcidos   que codicias y niegas   luego de torcer su cuellos   hasta secarlos con sus manos que gimen
escucha: la próxima vez que tengas sed de agua   escucha: la próxima vez que necesites   el golpe y temblor de mi marea
traza un gruñido   a través de vientre y entrégame   toda tu hambre   quiero que la serpiente se deslice
fuera de su vientre, apestando a hierro y mierda   has construido una ciudad en mi espalda   pero ahora la estamos tomando
un techo   un potrillo   una mordaza   un niño   un sorbo de agua a la vez

~~Él, envió a la paloma~~
~~fuera del arca~~
~~para ver si las aguas~~
~~habían disminuido~~
~~sobre la faz de la~~
~~Tierra.~~
~~la paloma volvió a él~~
~~al caer la tarde;~~
~~he aquí que en su~~
~~pico~~
~~a una hoja de olivo~~
~~había arrancado.~~
~~Así supo Noé~~
~~las aguas habían~~
~~bajado~~
~~sobre la~~
~~Tierra.~~

~~Y tomarán parte d~~
~~la sangre,~~
~~y la untarán en los~~
~~dos postes~~
~~y en el dintel de las~~
~~casas…~~
~~La sangre será señal~~
~~para ustedes~~
~~sobre las casas que~~
~~habiten;~~
~~y cuando yo la vea~~
~~pasaré de largo.~~
~~Ninguna plaga~~
~~destructora~~
~~los tocará~~
~~cuando yo golpee a~~
~~Egipto.~~

WHERE A CHORUS OF LLORONAS TELL US OF OMENS

My name is
Mamie Till.

My name is
Marlene
Pikyavit.

if her insides do not writhe alive as snakes festering in a pot's
pit, if you cannot bring oil to boil with the burning beneath
her breasts, if a flame can claim it understands the heat inside her
then no, not yet.   if the city has not at least one mother

My name is
Maria
Hamilton.

My name is
Wanda
Johnson.

to beg for murder or mercy, if there is no one
to teach the children never to speak to the voices
on the other side of the door, if there is no one
to sing them fear, to pinch & pull their laughter

My name is
Geneva
Reed-Veal.

My name is
Cleopatra
Cowley-Pend
leton.

shrieking from the street by the ear, then no, no matter what
the gods or possessed prophets say, the empire will still rule
by the buckle & slap of another sash. we knew the end was near
when we heard her voice, llorona in the alleyways, llorona

My name is
Valerie Bell.

My name is
Afeni Shakur.

My name is
Susan Hunt.

My name is
Iris Baez.

on the corners, llorona from out the mouth
of the brown earth herself. when her children are dead
as justice & law, when a woman is willing
to kill her children to save them from the fatherland,

My name is
Samaria Rice,
and he was twelve.

My name is
Margarita Rosario.

My name is
Cynthia Howell.

it will end when the streets writhe with hissing women, fanged
women, women who hide in pits waiting to strike, women
with scales hard as thousand jewels, women with eyes heavy as dirt,
women who choke, who bite, who birth with all their might.

My name is
Valerie Castille.

My name is
Lucy McBath.

My name is
Sybrina Fulton.

My name is Mary,
and he was crucified.

My name is Donna Massey,

My name is
Tlatecuhtli and
they tore me
limb from
limb.

My name is Sethe,
and she was my Beloved.

My name is ...

My name is ...

My name is ...

My name is ...

My name is ...

My name is ...

My name is ...

My name is ...

My name is ...

My name is ...

My name is ...

My name is ...

My name is ...

DONDE UN CORO DE LLORONAS NOS HABLA DE PRESAGIOS

Mi nombre es
Mamie Till.

Mi nombre es
Marlene
Pikyavit.

si sus entrañas no se retuercen como serpientes vivas pudriéndose en el fondo
de una olla, si no pueden hervir el aceite con el fuego bajo
sus pechos, si una llama puede declarar que entiende el calor dentro de ella
entonces no, todavía no. si la ciudad no tiene al menos una madre

Mi nombre es
Maria
Hamilton.

Mi nombre es
Wanda
Johnson.

rogando por muerte o misericordia, si no hay nadie
que enseñe a los niños a nunca hablar con las voces
al otro lado de la puerta, si no hay nadie
para cantarles el miedo, y pellizcar y tirar de su risa

Mi nombre es
Geneva
Reed-Veal.

Mi nombre es
Cleopatra
Cowley-Pendleton.

chillando al oído desde la calle, entonces no, no importa lo que
digan dioses o profetas poseídos, el imperio seguirá gobernando
por la hebilla y golpe de otro cinturón. supimos que el final se acercaba
cuando oímos su voz, llorona en los callejones, llorona

Mi nombre es
Valerie Bell.

Mi nombre es
Afeni Shakur.

Mi nombre es
Susan Hunt.

Mi nombre es
Iris Baez.

en las esquinas, llorona saliendo de la boca
de la propia tierra morena. cuando sus hijos mueren
como las justicia y la ley, cuando una mujer está dispuesta
a matar a sus hijos para salvarlos de la patria, esto terminará

Mi nombre es
Samaria Rice,
y él tiene doce.

Mi nombre es
Margarita Rosario.

cuando las calles se llenen de mujeres sibilantes, mujeres con
colmillos, mujeres que se escondan en fosas esperando a atacar,
mujeres con duras escamas como un millar de joyas, mujeres con
ojos pesados como la tierra, mujeres que se ahogan,

Mi nombre es
Valerie Castile.

Mi nombre es
Cynthia Howell.

Mi nombre es
Sybrina Fulton.

Mi nombre es
Lucy McBath.

que muerden, que dan a luz con todas sus fuerzas.

Mi nombre es Mary,
y él fue crucificado.

Mi nombre es
Tlatecuhtli y me
destrozaron
miembro a
miembro.

Mi nombre es Sethe,
y ella era mi amada.

Mi nombre es...

Mi nombre es Donna Massey.

Mi nombre es...

Mi nombre es...

Mi nombre es...

Mi nombre es...

Mi nombre es...

Mi nombre es...

Mi nombre es...

Mi nombre es...

Mi nombre es...

Mi nombre es...

WHERE MAGICIANS GAZE INTO THE DIADEM OF THE BLACK HERON

We did not see what the emperor saw

mirror black as an echo
at midnight shattered
constellations a sky shifting
inside the diadem of the dark
heron warrior mammals charging
across rugged terrains chrome
beasts of war spears & bones
jutting through flesh then
disappearing in the mirror's
opaque mist an obsidian wing
cutting across our faces
hotter than sweat

what were we to make of the bird
stinking of algae & fishermen
emerging dark as a drowned head
of seaweed from the inkiest corners
of the ocean ensnared like a prisoner
in the net like a veiled woman tangled
in a dress an impossible alphabet torn
across its feathers making all our years
of learning & knowledge worthless
as brine all we saw in the diadem
was our own fear faces transmogrified
glittering black as a cut our necks
twisted like a heron's before the creature
cawed as if calling the darkness
to come swallow all that trembles
with light

DONDE UN CORO DE LLORONAS NOS HABLA DE PRESAGIOS

No vimos lo que vio el emperador

un negro espejo como un eco
a medianoche destrozado
constelaciones un cielo que se desplaza
al interior de la diadema de la oscura
garza guerreros mamíferos cargando
a través de terrenos abruptos bestias
cromadas de guerra lanzas y huesos
sobresaliendo de la carne luego
desapareciendo en la niebla opaca
del espejo un ala de obsidiana
cortando a través de nuestros rostros
más caliente que el sudor

qué debíamos hacer con el ave
que olfateaba algas y pescadores
emergiendo oscura como una cabeza
ahogada de sargazo desde los rincones
más entintados del océano atrapada
como una prisionera en la red como
una mujer con velo enredada en un vestido
un alfabeto imposible desgarrado
a lo largo de sus plumas volviendo
inútiles todos nuestros años
de aprendizaje y conocimiento
como salmuera todo lo que vimos en la diadema
fue nuestro propio miedo rostros transfigurados
brillando negros como un corte en nuestros cuellos
retorcidos como el de una garza antes de que la criatura
graznara como si estuviese llamando a la oscuridad
para venir a tragarse todo aquello que tiembla
con la luz

WHERE THE TLACANTZOLLI ARE REBORN

I am the last omen you see before the destruction of the empire,
before the white gods on four-legged devils charge to hew you

apart. We are grafted from limbs left on the battlefield. Pale hands
clench fearfully around their dark necks. A grimace stitched stiff

over a child's chin. A warrior's chest stressed onto a woman's
waist. We were given two mouths to scream our destiny. Eight legs

kick psychotic through the womb. Undead ghosts, we disappear
when you reach between your woman's bloody thighs to claim us.

Look at our flesh. Creatures made to chorus and scourge. Of course,
all of you found us hideous, confused by the intimacy of our bodies,

the way I press my lips to my second head with no shame, the language
we dismember and graft together on our tongues. We were not born

to be loved but to warn all our fathers: we are the end of your era.
We rise to spill sick from your blood, our bones beat into one.

DONDE RENACEN LOS TLACANTZOLLI

Soy el último presagio que ves antes de la destrucción del imperio,
antes que los dioses blancos sobre demonios de cuatro patas te carguen para

destrozarte. Fuimos injertados con miembros abandonados en el campo de batalla. Manos pálidas
se aferran con miedo alrededor de sus cuellos oscuros. Una mueca cosida con rigidez

sobre el mentón de un niño. El pecho de un guerrero cosido a la cintura
de una mujer. Nos dieron dos bocas para gritar nuestro destino. Ocho piernas

patean psicóticamente a través del útero. Espectros vivientes, desaparecemos
cuando nos reclamas, alcanzándonos entre los muslos ensangrentados de tu mujer.

Mira nuestra carne. Criaturas hechas para cantar en coro y castigar. Por supuesto,
todos ustedes nos encontraban repugnantes, confundidos por la intimidad de nuestros cuerpos,

la forma en que presiono mis labios contra mi segunda cabeza sin avergonzarme, el lenguaje
que logramos desmembrar e injertamos juntos en nuestras lenguas. No nacimos

para ser amados, sino para advertir a todos nuestros padres: nosotros somos el fin de su era.
Nos levantamos para brotar enfermos desde tu sangre; nuestros huesos se funden en uno solo.

My pussy is a gun,
and it's pointing at your head.

Emerson Woolf and the Wishbones, *“Wouldn't it be funny?”* | *“¿No te parece chistoso?”*

Mi coño es una pistola,
y está apuntando a tu cabeza.

Quiero ser flor,
pero si no, seré fusil.

Mercedes Sosa, "Canción por el Fusil y la Flor" / "Song for the Rifle and the Flower"

I want to be a flower,
but if not, I'll be a rifle.

REGGAETÓN

Reggaeton

AUBADE BETWEEN A BLOODMOON & MOONSHINE

dawn has fallen
asleep at the wheel
& become a red light

airbags cloud the sky

lipstick kisses the horn
grayscale & fishpink

a windshield cracks
with a cackle
snapping the nose

off a crescent moon

all i want in my mouth
is a gun or a cock

glittering like glass
in the glowering
alpenglow to become

one with sorrow
another shot
to swallow

AUBADE ENTRE UNA LUNA DE SANGRE & AGUARDIENTE

el amanecer ha caído
dormido en el volante
& se ha vuelto una luz roja

las bolsas de aire pueblan el cielo

el lápiz labial besa la bocina
escala de grises & rosa-pez

un parabrisas se rompe
con una carcajada
partiéndole la nariz

a una luna creciente

todo lo que quiero en la boca
es un arma o una verga

brillando como el cristal
en el resplandor
alpino para volverme

uno con la amargura
otro trago
para tragar

ODE TO REGGAETÓN

If bachata is the love language
    of the Latin American diaspora,
        quizás reggaetón is nuestra furia

impotente. Dios sabe cuántes
    de mis amigues se perdieron
        on dancefloors from Pulse

to Veracruz. If our poems
    do not soften their hearts,
        may we give them concussions

with our perverse percussion.
    My rhymes may never make me
        a million, but may my dembow

be hot enough for a billionaire
    to make it rain on my costly
        & contraband culo. We no hablo

Espanish, only Bad Bunny.
    I can tell you un poquito
        about your side of town

if you tell me whether Yeah!
    featured Ludacris or Calderón.
        Bachata fue la telenovela of our tías

with lovers on the other side
    of la frontera, of our tíos caught
        in la cama de alguna cuñada.

La guitarra requinto is the only way
    our fathers were allowed to cry.
        Reggaetón is our no-fucks-given

perreo. You can't tell the difference
    between my lagrimas & my sweat
        with strobe lights cutting my gums.

ODA AL REGGAETÓN

Si la bachata es el lenguaje del amor
de la diáspora latinoamericana,
quizás el reggaetón es nuestra furia

impotente. Dios sabe cuántes
de mis amigues se perdieron
en pistas de baile desde Pulse

hasta Veracruz. Si nuestros poemas
no logran ablandar sus corazones,
podemos al menos darles conmociones

con nuestra percusión perversa.
Puede que mis rimas nunca me hagan
millonario, pero posiblemente mi *dembow*

sea lo suficientemente caliente como para que
un multimillonario haga llover sobre mi costoso
& contrabandeado culo. We no hablo

Espanish, solo Bad Bunny.
Puedo contarte un poquito
sobre tu lado del barrio

si me dices: sí *Yeah!*
tenía a Ludacris o a Calderón.
La bachata fue la telenovela de nuestras tías

con amantes al otro lado
de la frontera, de nuestros tíos atrapados
en la cama de alguna cuñada.

La guitarra requinto fue la única manera
en que a nuestros padres se les permitió llorar.
El reggaetón es nuestro *nos-vale-verga*

perreo. No puedes pronunciar la diferencia
entre mis lágrimas & mi sudor
con luces estroboscópicas cortando mis encías.

When I am desperate for love
de alguna mujer, jota, o hombre,
cuando ya no aguanto, no lloro,

I knock that shit until walls tremble
harder than my knees, until bass
reminds this loss-liquored blood

to beat.

Cuando estoy desesperado de amor
    de alguna mujer, jota u hombre,
        cuando ya no aguanto, no lloro,

le doy a esa mierda hasta que tiemblan
    las paredes con más fuerza que mis rodillas,
        hasta que el bajo le recuerda a esta sangre ebria-de-pérdidas

            cómo latir.

FOR THOSE WHO HAVE SEXUALITY WITH THE WIND, THE FLOWERS, THE GARDEN!

Rest in Pleasure
Walter Mercado
1932 – 2019

Before my marica ass fouled up the house,
you were the only queer allowed in the house.

Blonde as a crystal ball, dressed in sequins and capes,
who let this angel of god in the house?

Born loose as the wind, a lisp slipping from lips,
all my family pictures scowled in the house.

I picked fishbones out cheeks. Played with rice.
We ate dinner in silence, never loud in the house.

Until high school, I thought you were a woman.
Secretly, you and I prowled in the house.

With the lust of the wind picking petals apart,
each night desire growled in the house.

Like you, I kissed my way through the dark, lucky
the way stars rained down on my house.

With the last of the wind lost in your mouth,
you speak like someone who is proud of your house.

Yes, we're plagued by demons. I have let them out.
I smile, windows and doors open-jawed in the house.

I have drawn blossoms from cracks in the walls,
found a way to dress up every flaw in the house.

If you read my palms, I might shrink, scared fist-less
of what you may have found in the house.

Like you, I was too tired. Maybe. I never came out.
If Dad knew they named me *joto*, I'd be out of the house.

¡PARA QUIENES VIVEN SU SEXUALIDAD CON EL VIENTO, LAS FLORES, EL JARDÍN!

Descansa en el placer
Walter Mercado
1932 – 2019

Antes de que mi culo marica arruinara la casa,
tú eras el único *queer* permitido en la casa.

Rubio como una bola de cristal, vestido de lentejuelas y capas,
¿quién dejó entrar a este ángel de Dios en casa?

Nacido libre como el viento, un ceceo escapando de los labios,
todas las fotografías de mi familia fruncían el ceño en la casa.

Sacaba espinas de pescado de las mejillas. Jugaba con arroz.
Cenábamos en silencio, nunca en voz alta en la casa.

Hasta la secundaria, pensé que eras una mujer.
A escondidas, tú y yo merodeábamos en la casa.

Con la lujuria del viento recogiendo pétalos,
cada noche el deseo rugía en la casa.

Como tú, besé mi camino en la oscuridad, con la suerte
de que las estrellas llovieran sobre mi casa.

Con la última brisa del viento en tu boca perdida,
hablas como alguien que está orgulloso de su casa.

Sí, estamos plagados de demonios. Los he dejado en partida.
Sonrío, ventanas y puertas abiertas de par en par en la casa.

He dibujado flores en las grietas de las paredes,
encontré la forma de vestir cada defecto en casa.

Si leyeras mis palmas, podría encogerme, asustado,
indefenso, de lo que podrías haber encontrado en la casa.

Como tú, yo estaba demasiado cansado. Tal vez… Nunca salí del clóset.
Si papá supiera que me llamaron *joto*, estaría fuera de casa.

NOCHE BUENA

christians get their freak on
in dark corners where tablas
thump from knockoff yamahas
the primo who lost his right eye
to a firecracker timberlands
to timbaland grinding his boricua
boo akimbo purple and orange
disco lights bloody the dancefloor
the same way remolacha y zanahorias
dye my greasy fingerprints pink
counting to ten before searching
for mi primita hidden behind the sofa
wrapped in plastic diving between
the dancing legs of our once-young
tias before the grapevines of varicose
veins we crayon-scribbled the walls
kumbia rattled the doorframes we
slept no matter until a tia woke us
medianoche to unwrap action figures
& underwear too shy to say gracias
so mamas pinched arms & we accepted
drunk hugs from sweaty tios no me
a todo but when we got home
papi stripped to his calzoncillos and it
slipped out right there on the couch
where he lay bolo below the waist my
kid brother stuttering with his twitch
transfixed my mother's hatred wrinkled
in her fist as he hung a limp jesus snoring
somewhere on the cross & his neck & me
frozen in my navidad & new year
fear holding my breath as i choked
the fluff out my purpled dinosaur
did you know how big they get
i didn't even know i had one yet

NOCHEBUENA

los cristianos *get their freak on*
en rincones oscuros donde las tablas
retumban desde yamahas piratas
el primo que perdió su ojo derecho
por una *firecracker* timberlandea
a timbaland moliendo su cariño boricua
con actitud desafiante luces moradas y naranja
de disco pintan la pista de baile
de la misma forma en que la remolacha y las zanahorias
tiñen de rosa mis huellas grasientas
contando hasta diez antes de buscar
a mi primita escondida detrás del sofá
envuelta en plástico escurriéndose entre
las piernas danzantes de nuestras tías antiguamente
jóvenes antes de las venas varicosas
como parras garabateáramos las paredes
la cumbia sacudía los marcos de las puertas
dormíamos sin que nada nos importara
hasta que una tía nos despertara a medianoche
para desenvolver figuras de acción
y ropa interior demasiado tímidos para decir gracias
así que nuestras madres nos pellizcaban los brazos y aceptábamos
abrazos borrachos de tíos sudorosos no me
acuerdo de todo pero cuando llegamos a casa
papi se desnudó hasta los calzoncillos y se
escapó justo ahí en el sofá
donde yacía bolo de la cintura para abajo mi
hermanito tartamudeando con su tic
paralizado el odio de mi madre contraído
en su puño mientras él colgaba un flácido jesús roncando
en algún lugar de la cruz y su cuello y yo
congelado en mi navidad y año nuevo
el miedo conteniendo la respiración mientras ahogaba
el peluche de mi dinosaurio morado
¿sabías qué tan grandes pueden llegar a ser?
yo ni siquiera sabía que todavía tenía uno

LA PACHA

DON FRANCISCO AIN'T EVEN YOUR REAL NAME

Shoutout to the Latin Jabba, the Hutt!
Saturday night's favorite pimp, pampered
plump as a piñata pumped with poppers

to pummel and plunder. Dizzied by the show girls'
pom poms, I can't guarantee I can tell the difference
between a green space villain & a viejo so verde.

Even at 5, I knew them booties was fake.
I knew I rather be you than the fool winning
your sports car. I knew I never wanted to be

you. I'll take zeros any day just don't hit me
with la trompeta, 'mano. Our unamerican idol,
the Latin Trump, 6 decades deep surrounded

by 6 desperate freaks, tios hitting notes flatter
than old tortillas, cousins bouncing curls,
putting la prima in prima donna. All 5 of us

on 1 couch, 3 wiggly kids between moms & pops,
in that Newark apartment where we could hear the trains
honk past, where a babysitter once made me cry

so a 5-year-old Carlitos kicked her one-time in the ass,
where moms asked me how to spell my name & I
responded W-3-4-Z-Q-S. Even then I didn't believe in

the myth of your magnanimity. A reggaetonero
if I ever saw one. Not a role model, just a rogue
surrounded by models. You showed me

what it takes to be Gigante, how small it feels.

DON FRANCISCO NI SIQUIERA ES TU VERDADERO NOMBRE

¡Saludos al Jabba el Hutt latino!
El proxeneta favorito de los sábados por la noche, mimado
y regordete como una piñata llena de *poppers*

para golpear y saquear. Mareado por los pompones
de las bailarinas, no puedo dar garantía de diferenciar
entre un verde villano del espacio y un viejo tan verde.

Incluso a los 5 años, sabía que esos traseros eran falsos.
Sabía que preferiría ser tú que antes que el tonto que ganó
tu auto deportivo. Sabía que nunca quise ser

tú. Tomaré ceros cualquier día, solo no me golpees
con la trompeta, 'mano. Nuestro ídolo *no-americano*,
el Trump latino, rodeado por seis décadas

de seis freaks desesperados, tíos sacando notas
más planas que viejas tortillas, primos rebotando rizos,
poniendo a la prima en *primadona*. Todos: los cinco

en un solo sofá, tres niños inquietos entre mamá y papá,
en aquel apartamento de Newark donde se escuchaba a los trenes
tocar sus bocinas al pasar, donde una niñera una vez me hizo llorar

así que un Carlitos de cinco años le dio una sola patada en el trasero,
donde mi nana me preguntaba cómo escribir mi nombre y yo
respondía W-3-4-Z-Q-S. Incluso entonces no creía en

el mito de tu magnanimidad. Un reggaetonero
si es que alguna vez vi uno. No un modelo a seguir, solo un pícaro
rodeado de modelos. Me mostraste

lo que se necesita para ser Gigante, y lo pequeño que se siente.

GASOLINA

Because, yes, masculinity is a fossil
fuel, the revenge of a bigoted Tyrannosaurus
typing conspiracy theories on Reddit
with two ancient fingers. It will take more
than a meteorite, a tar-tinted sky,
before everyone stops wanting the black gleam
of its teeth, its dinosaur roar. Amor,
no one wants to feel guilty for loving its filthy
mouth, the way the bass drops
your panties low to the floor. We all want
things that will kill us: good dick
is destroying the planet, pero papi,
quiero más, dame más oceans
choked black in the back of a club,
where a sixteen-year-old
breaks a bottle on the face of another
viejo who just grabbed her
ass. I want liberty & I want to be tied
to the bed by a man whose tattoos
scare my abuela. Gasolina: it disappears
in seconds when the final drops
drip   to the concrete in the summer
heat, but we can all smell it
on our fingers:
its invisible fire, its senile song,
the broken jaw mumble of a viejo
security just body-slammed
to the dancefloor, croaking it all
was worth it.

GASOLINA

Porque sí, la masculinidad es un combustible
fósil, la venganza de un tiranosaurio intolerante
escribiendo teorías conspirativas en *Reddit*
con dos dedos antiguos. Necesitaríamos más
que un meteorito, y un cielo teñido de alquitrán,
para que todos dejen de querer el brillo negro
de sus dientes; su rugido de dinosaurio. Amor,
nadie quiere sentirse culpable por amar su boca
sucia, de la misma forma en que el bajo
hace que tus bragas caigan hasta el suelo. Todos queremos
cosas que podrían matarnos: una buena verga
destruye el planeta, pero papi,
quiero más, dame más océanos
ahogados de sombras al fondo de un club,
donde una chica de dieciséis
rompa una botella en la cara de otro
viejo que acaba de agarrarle
el culo. Quiero libertad y quiero estar atada
a la cama por un hombre cuyos tatuajes
espanten a mi abuela. La gasolina: desaparece
en segundos cuando las últimas gotas
caen al concreto bajo el calor del verano,
pero todos podemos olerla
en nuestros dedos:
su fuego invisible, su canción senil,
el balbuceo de la mandíbula rota de un viejo
seguridad que acababan de tirar
al suelo de la pista, carraspeando mientras dice que todo
valió la pena.

THREE FANTASIES AFTER KISSING MY HOMEBOY'S GIRLFRIEND

I

una canción para mi nena

if there's anything that makes us
it's sweat
the sour your body sings through
its tears
your eyes teach me how to buoy
our backs
as you thumb up the throat of
our añoranza
the longing and lenguaje
our tongues
snap and flicker between
our lips
arms around my neck like a knot

TRES FANTASÍAS DESPUÉS DE BESAR A LA NOVIA DE MI COMPA

I

una canción para mi nena

si hay algo que nos define
es el sudor
lo agrio que tu cuerpo canta a través de
las lágrimas
tus ojos me enseñan a mantenernos a flote sobre
nuestras espaldas
mientras metes el pulgar por la garganta de
nuestra añoranza
el deseo y el lenguaje de
nuestras lenguas
oscilan y parpadean entre
nuestros labios
brazos alrededor de mi cuello como un nudo

II

una tiraera against my homeboy

Knuckles rattle my doorframe
          the way a pulse rattles the neck,
a fist rattles a face, or a key

          cuts a lock. *¿Are you looking*
for someone to blame
          for your mistakes? I laugh.

I almost ask him in Spanish
          to prove he doesn't know
mierda. I open the door, ready

          to whip the white flag
of his body. Soon, our shirts
          will be a preteen's dream

of tear and telenovela. I hit the gym
          daily for this cuff
and hook, so I don't cry aloud, lose

          my breath, sweat or regret
the sound my name makes
          in his mouth.

She's never there, of course,
          never hears me break
his arm, never hears the whistle

          his windpipe makes beneath
my knee. Her eyes never have
          to witness my love shatter

another man's bones. Of course,
          there's no victory, no
consequence after I cry, *lo siento*

          al viento.

II
una tiraera contra mi compa

Nudillos sacuden mi marco de la puerta
        de la misma forma en que un pulso sacude el cuello,
un puño sacude un rostro, o una llave

        corta una cerradura. *¿Estás buscando*
a alguien para culparlo
        por tus errores? Me río.

Casi le pregunto en español
        para probar que no sabe
ni mierda. Abro la puerta, listo

        para azotar la bandera blanca
de su cuerpo. Pronto, nuestras camisas
        serán el sueño de un preadolescente

de lágrima y telenovela. Voy al gimnasio
        todos los días para lograr este puñetazo
y este gancho, para no llorar en voz alta, ni perder

        el aliento, sudar o arrepentirme
del sonido que hace mi nombre
        en su boca.

Ella nunca está allí, por supuesto,
        jamás me escucha romper
su brazo, nunca oye el silbido

        que hace su tráquea bajo
mi rodilla. Sus ojos nunca tienen
        que presenciar cómo mi amor rompe

los huesos de otro hombre. Por supuesto,
        allí no hay victoria, no hay
consecuencia después de gritar llorando un: *lo siento*

        al viento.

III

a song I wrote on my mirror

¿this is why you kissed her right?

the way joy makes a chain gang
    of your bones & your chest
        empties whenever you face

a mirror or mountain
    or mansion & feel an envy
        you call hatred you call history

you call the way his white
    hands siphon butterflies
        from her throat alive as

a hammer pounding salt
    in the desert for the figures
        her feet make in sand her lips

breaking chrysalis against
    your neck as she coughs
        another monarch for survival

its helpless & unshackled
    joy the way her hands
        rend the chains from

your chest undress your
    flesh from the fetters
        that make you a man

III

una canción que escribí en mi espejo

por esto la besaste, ¿verdad?

por cómo la alegría hace una cadena
de tus huesos y tu pecho
se vacía cada vez que enfrentas

a un espejo o a una montaña
o a una mansión y sientes esa envidia
que llamas odio que llamas historia

que nombras: la forma en que sus manos
blancas extraen como sifón mariposas
vivas desde su garganta

como un martillo clavando sal
en el desierto para las figuras
que hacen sus pies en la arena sus labios

rompiendo la crisálida contra
tu cuello mientras ella tose
otra monarca para sobrevivir

es una alegría indefensa y sin ataduras
la manera en que sus manos
desgarran las cadenas de

tu pecho desnudo de tu
carne de las cadenas
que te hacen: un hombre

ODIO

if anything can bear the name, amor, let it be

this: the scarf your hair drapes over my neck,
    the weight of our waists fraying la maca
bajo el peso of each beso. Some nights I cannot

tell the difference between ode & odio,

  the way your lip climbs me just as an ex
once did after I had already asked her
  to leave. I surrender to nothing

but the cold smolder hardening beneath
  me. I want a hand to soften its hatred
or else strangle me in my sleep.

My throat is sore from remembering

  the blue-brown rock of your breasts
between moan & moon. I need the mercy
  of a murder before the memory

of your mercy the nights you saved me

from her worm-rotten love. There are parts
  of me I will always hate except
when I am in the fugue of your refuge.

I do not want love if it does not know

  what it is to be swallowed into the belly
of a remorseless beast, if when she traces
  my neck, she does not recognize

the bracelet left by its teeth.

ODIO

si algo puede llevar ese nombre, amor, que sea

esto: la bufanda que tu cabello envuelve sobre mi cuello,
    el peso de nuestras cinturas deshilando la maca
bajo el peso de cada beso. Algunas noches se me hace imposible

distinguir entre oda y odio,

    la manera en que tu labio escala sobre mí al igual que lo hizo
una ex después de que ya le había pedido
    que se fuera. No me rindo ante nada

más que ante frío ardor que se endurece por debajo
    de mí. Quiero una mano que suavice su odio
o que me estrangule mientras duermo.

    Me duele la garganta de recordar

    la roca marrón y azul de tus pechos
entre gemido y luna. Yo necesito la piedad
    de un asesinato antes que la memoria

de tu piedad en esas noches en que me salvaste

de su amor picado por gusanos. Hay partes
    de mí que siempre odiaré excepto
cuando estoy en fuga de tu refugio.

No quiero amor si no sabe qué es

    ser tragado por el vientre de una bestia
que desconoce el remordimiento, si cuando ella recorre
    mi cuello, es incapaz de reconocer

el brazalete que dejaron sus dientes.

MARIPOSA SONG FOR ASSEMINA

The Zebra Swallowtail evolved alongside the Assemina tree and her fruit, filling her low branches with brilliant black-and-white wings for millennia.

Because she looked like a little papaya
to the same conquistadores confundidos

who jumbled up las Indias y las Americas,
now these new pilgrims pendejos call her

paw paw. Call her "hillbilly mango,"
"Hoosier banana," another anchor baby

hailing from somewhere deep in jungle heat.
Imagine tongues hungry for everything

but your name. Imagine being here
for millennia only to be called exotic.

The first white man to write her name
in his journals also hewed her family

down for farmland. He returned
to Europe once he tired of enslaving

centroamericanos with centuries
of indio blood drying on his beard.

Peep this: he only came back to our Americas
angry not enough white people knew

his name. Don't bother looking him up.

All he wanted was the gold under her
skin. For her yellow to yawn wet between

CANCIÓN DE MARIPOSAS PARA ASSEMINA

La mariposa cebra swallowtail evolucionó junto al árbol Assemina y su fruto, poblando sus ramas bajas con alas brillantes en blanco y negro a lo largo de milenios.

Porque se parecía a una pequeña papaya
para los mismos conquistadores confundidos

que le dieron vuelta a las Indias y las Américas,
estos nuevos peregrinos pendejos ahora la llaman

paw paw. La llaman "mango montañés",
"banana de Hoosier", otro *anchor baby*

venido de algún sitio en las profundidades del calor selvático.
Imagina lenguas hambrientas de todo

menos de tu nombre. Imagina estar aquí
por milenios solo para que te llamen "exótica".

El primer hombre blanco que escribió su nombre
en sus diarios también taló a su familia

para abrir tierras de cultivo. Y regresó
a Europa cuando se cansó de esclavizar

centroamericanos, con siglos
de sangre india secándose sobre su barba.

Fíjate: solo volvió a nuestras Américas
enojado porque no había suficientes blancos que conocieran

su nombre. No te molestes en buscarlo.
Todo lo que quería era el oro bajo su

piel. Que su amarillo se abriera con humedad entre
sus dedos. En la chirriante oscuridad de aquellas

his fingers. In the chirping dark of summer
moons, before he could draw a single border

on paper, we whispered her thick green name
between our jaws & from our backs, beheld

bold black-&-white wings. We swallowed
& her leaves taught us to shimmy north,

nestled between low branches
for protection.

.

We laugh when you call her America's
best kept secret. Tell me,

¿how does it feel to try to fit
her true name on your tongue?

lunas de verano, antes de poder dibujar una sola frontera
en papel, susurrábamos su nombre verde espeso

entre las mandíbulas y, desde nuestras espaldas, contemplábamos
valientes alas en blanco y negro. Tragábamos saliva

y sus hojas nos enseñan a deslizarnos hacia el norte,
acurrucados entre ramas bajitas

para encontrar protección.
Nos reímos cuando la llaman:

el secreto mejor guardado de América. Dime:
¿qué se siente intentar encajar

su verdadero nombre en tu lengua?

NOCHE BUENA (REPRISE)

After being stripped naked by federales
for a third time on the way to Tijuana,

after a limp peso slipped from a tear
in Tomas's wet underwear

and he earned the electric kiss
of a taser thrice below the navel,

its triple pronged lips
staining his hips purple and pink,

after running for hours over freeways
dodging the lonely lights of fathers

returning home from their graves,
my countrymen pretend

it is the cold and not the fear
--not the women disappeared

halfway through Guadalajara,
not the coyote's twitch at urgent questions,

not the liquored gleam on the surface
of the officials' M-16s--that makes them

shiver. Cornered by a dumpster
and the wicked blade of the moon,

the huddled men wait for the van
that will hide them between scrap metal

to take them over the border.
This is not an allegory or the sermon

NOCHEBUENA (REPRISE)

Después de ser desnudado por tercera vez
por los federales en el camino a Tijuana,

después de que un peso flácido se escapara
de un desgarro en la húmeda ropa interior de Tomás

y ganara el beso eléctrico
de un *taser* en tres ocasiones debajo del ombligo,

sus labios de triple punta
marcando de rosa y púrpura sus caderas,

después de correr durante horas por autopistas
esquivando las luces solitarias de padres

que regresaban a casa desde sus tumbas,
mis compatriotas simulan

que es el frío y no el miedo;
no las mujeres desaparecidas

a medio camino de Guadalajara,
no el tic nervioso del coyote frente a preguntas urgentes,

no el resplandor etílico en la superficie
de los M-16 de los oficiales; lo que los hace

temblar. Acorralados junto a un contenedor
y el filo perverso de la luna,

los hombres amontonados esperan la camioneta
que los esconderá en medio de la chatarra

para llevarlos al otro lado de la frontera.
Esto no es una alegoría ni el sermón

of a self-enamored priest.
My primo really crossed the border

on December 24th, 1989
after surviving more than a decade

of war. On December 25th,
the coyote gifted him his first Whopper

in San Diego and Tia Tere
gifted the coyote another mil quinientos

for his life. The only other gift
my primo received that Christmas

came from the man in the dumpster.
The man leapt out of the receptacle

with a rattling bag of aluminum cans
and scared the living shit

out of my primo and his companions.
The men jumped back and then

laughed like idiots
with their hands in their pockets.

Once the man realized they were migrants,
he left and returned with a box

of galletas for them to share.
It was all they ate for the day.

de un sacerdote enamorado de sí mismo.
Mi primo realmente cruzó la frontera

el 24 de diciembre de 1989
después de sobrevivir más de una década

de guerra. El 25 de diciembre,
el coyote le regaló su primera Whopper

en San Diego y la Tía Tere
le regaló al coyote otros mil quinientos

por su vida. El único otro regalo
que mi primo recibió esa Navidad

vino del hombre en el contenedor.
El hombre saltó del depósito

con una bolsa ruidosa de latas de aluminio
y les dio un susto de muerte

a mi primo y sus compañeros.
Los hombres retrocedieron y luego

se rieron como idiotas
con las manos en los bolsillos.

Cuando el hombre se dio cuenta de que eran migrantes,
se fue y regresó con una caja

de galletas para compartir.
Fue todo lo que comieron ese día.

JUSTICE 4 DILLON TAYLOR

Officer Cruz, how could you resist
the August streets of South Salt Lake?
Parks riddled with the howls of children
chattering like a drawer full of knives, sharper
than wind & sun—listen, you don't know
my people if you don't know the rocket-racket
of coals popping beneath grills, foreheads
wet with oil & sweat, where mountains, momos,
& a ball are the closest you can get to Nepal,
if your fingers have never been sticky with sauce
& chicken wing & not at all with shame,
if you've never drank a bottle's worth
of stars & let them swirl night-deep
in your belly, missing home or homies, blinking
back wet memories, your mother's eye,
her hands against your face, what you would do
to feel the rough warmth of that palm,
then what do you know about love, Bron?
It is not a synonym for trigger or fear.
It is nothing that does not whoop & holler peace.
Republiklans were so relieved to hear
you were not white, Cruz. You thought you were
Cruise, more like crucify, you coward
motherfucker. Didn't spend enough time
with your own people to recognize
your brother when you saw him. Look
how quick they took your whiteness
from you, spat you back to spic.

JUSTICIA PARA DILLON TAYLOR

Oficial Cruz, ¿cómo se pudo resistir
a las calles de agosto de South Salt Lake?
Parques acribillados con alaridos de niños
parloteando como un cajón lleno de cuchillos,
más afilados que el viento y el sol; escucha,
no conoces a mi gente si no conoces el tronar
de las brasas reventando bajo las parrillas,
las frentes húmedas de aceite y sudor, donde montañas,
momos y una pelota son lo más cerca
que puedes estar de Nepal, si tus dedos nunca
estuvieron pegajosos por la salsa y las alitas
de pollo, si nunca bebiste sin vergüenza alguna
una botella entera de estrellas y las dejaste
girar, en la profundidad de la noche, en el vientre,
extrañando tu hogar o a los tuyos,
en un parpadeo de recuerdos húmedos; el ojo
de tu madre, sus manos contra tu rostro,
lo que darías por sentir la tibia aspereza de esa palma,
entonces ¿qué es lo que sabes del amor, Bron?
Esto no es sinónimo de gatillo o de miedo.
No es nada que grite con fuerza algo distinto a la paz.
Los *Republiklans* se sintieron tan aliviados al escuchar
que no eras blanco, Cruz. Pensaste que eras
Cruise, más bien *crucificar*, tú… cobarde
hijo-de-puta. No pasaste tiempo suficiente
con tu propia gente como para reconocer
a tu hermano cuando lo viste. Mira
¡qué rápido te arrancaron la blancura!

Kill a thousand more of your own and still they will never accept you as theirs.

Save a thousand lives & still you can't give back his.

y te escupieron de vuelta como hispano.
Asesina a mil más de los tuyos y aun así
nunca te aceptarán como uno de ellos.
Salva mil vidas y aun así no podrás
devolverle la suya.

Dillon, did you know you would join your mother that day?
Of course not. Forgive me for wasting your time
with my questions. It's just every time I read your story
I know it could've been me, kicking it, headphones
the only halo necessary for my head, blasting *Ready to Die*
—no, that's not true. There're so many better moods
for a summer night. Lil Rob. Nate Dogg. Even I got love
for a song that ain't good for nothing but sipping
some cheap beer & waving yours arms like you don't care
while your homeboy hollers from a car. They called
it a gang sign, a gun. The bigoted caller couldn't even tell
if you were Black or Mexican, but even racists called
you white at the end. Even though I wouldn't have batted
an eye if I saw you on the 4th of July, holding my niece
at one of our chonguengas where the tias got tamales for days
& the tios light fireworks with their blunts—I'm playing,
my fam is only that wild in this poem, where I imagine we can
roll through streets without cops harassing, imagine
going to courts with no trial. You are Mike Brown
without an elegy, without a riot, but not without a song,
not without a protest, not without a family, a fight, a fist held
in the air, a picture of your face, smiling, laughing
on our signs as we march, as we chant, as we pray, hands
in the air, like we just saw one of our homeboys,
like we're hollering at you in the sky.

Dillon, ¿sabías que ese día te reunirías con tu madre?
Por supuesto que no. Perdóname por hacerte perder el tiempo
con mis preguntas. Es solo que cada vez que leo tu historia
sé que pude haber sido yo, pasando el rato, con audífonos,
el único halo necesario sobre mi cabeza, reventando *Ready to Die*;
no, eso no es verdad. Hay tantos *moods* mejores
para una noche de verano; Lil Rob, Nate Dogg, incluso siento cariño
por una canción que no sirve para nada más que para
tomar cerveza barata y agitar los brazos como si no importara nada
mientras tu compa grita desde un vehículo. Ellos lo llamaron
"una seña de pandilla", un arma. El intolerante que denunció ni siquiera
pudo decir si eras negro o mexicano, pero hasta los racistas
te llamaron blanco al final. Aunque yo no habría pestañeado
si te hubiese visto un 4 de julio, cargando a mi sobrina
en una de nuestras chonguengas donde las tías tienen tamales para días
y los tíos prenden fuegos artificiales con sus *blunts*. Estoy jugando,
mi familia solo es así de salvaje en este poema, donde imagino que podemos
rodar por las calles sin que los policías nos acosen, me imagino
ir a los tribunales sin juicio. Eres Mike Brown
sin elegía, sin disturbios, pero no sin una canción,
no sin una protesta, no sin una familia, una lucha, un puño elevado,
una foto de tu rostro, sonriendo, riendo
en nuestros carteles mientras marchamos, mientras cantamos,
mientras rezamos, con manos en el aire
como recién viéramos a uno de nuestros compas,
como si te estuviéramos gritando allá en el cielo.

¡RiOT!

THE NINTH BULLET

For Kevin Fret

may the sun be the last red bullet
in your head   may its humid light

dye the island the slit pink
of your pato lips   i want the vein

of each leaf to pulsate the purple
of your eyeliner   i want the grass

to bat its lashes   verdant
as if to seduce the caterpillar

& his bushy tremble
may he drag his many legs

across the earth   bowing
before you & your holy luster

Kevin   nuestra nasty
mariposa   whose neon wings

stretched like the dark legs
of the man i comforted first

my drool hot with fear
before i opened my mouth

my fave thing about you
was that you were alive

popping your bubblegum
AK-47 for the haters

LA NOVENA BALA

Para Kevin Fret

Que sea el sol la última bala roja
en tu cabeza   que su húmeda luz

tiña la isla del rosa entreabierto
  de tus labios de pato   quiero que la vena

  de cada hoja palpite el púrpura
de tu delineador   quiero que la hierba

agite sus verdes   pestañas
  como buscando seducir a la oruga

  y su peludo temblor
que arrastre sus numerosas patas

sobre la tierra   inclinándose
  ante ti y tu santo resplandor;

  Kevin nuestra mariposa
nasty   cuyas alas neones

se extendieron como las piernas oscuras
  del primer hombre que consolé

  mi baba caliente de miedo
antes de abrir la boca

lo que más me gustaba de ti
  era que estabas vivo

  reventando tu chicle
AK-47 para los *haters*

your throne surrounded
  by cabronas whose culos

  could only be explained
by platanos & refried frijoles

guns black in their hands
  ready to shoot any

hijueputa in the 5am
  darkness   crying jota

their odio is why i love
  you   may you wave

  your painted nails
to the homophobe priests

burning in hell
  & pierce your nipples

  with the haloes
of homo angels

tu trono rodeado
  de cabronas cuyos culos

  solo podían explicarse
por plátanos y frijoles refritos

pistolas negras en sus manos
  listas para disparar a cualquier

  hijueputa en la oscuridad
de las cinco de la mañana   gritando "jota"

su odio es el motivo por el que te amo
  por ese abanicar tus uñas pintadas

  ante los sacerdotes homofóbicos
ardiendo en el infierno

y perforarte los pezones
  con las aureolas de ángeles homosexuales

ALTERNATE NAMES FOR GIRLDICK

After Danez Smith

1. Limp flag half mast
2. Bud stunted by winter
3. Cut fingertip held to the lip
4. Stubborn apple caught in the throat
5. Home of the heart's rejected blood
6. Thorn on the side of my lover's hood
7. A Spanish question mark
8. Cardi Betrayal
9. Silk noose where I hang my dreams
10. Nobody's daughter
11. [   ] because every name I call you hurts
12. Me

NOMBRES ALTERNATIVOS PARA *GIRLDICK*

Después de Danez Smith

1. Bandera flácida a media asta
2. Brote atrofiado por el invierno
3. Yema de dedo cortada apoyada contra el labio
4. Rebelde manzana atascada en la garganta
5. Hogar de la sangre rechazada por el corazón
6. Espina al costado de la capucha de mi amante
7. Un signo español de interrogación
8. Tra-tra-tra-traición
9. Lazo de seda donde cuelgo mis sueños
10. La hija de nadie
11. [   ] porque cada nombre con que te llamo duele
12. Yo

KETCHUP

Fuck it.

In this era where even the freakiest & most nauseatingest
kinks are indulged and celebrated, no matter
how smelly, how politically dubious, how not technically
harmful but still kinda fucked up, in this time where the only thing
hotter than climate disaster is an obscure subreddit
that has awakened an infectious desire in even or perhaps especially
the most repressed minds,
I shamelessly and joyfully declare my love
for
Pupusas With Ketchup.

I demand forgiveness for the tongue of my niñez
that found curtido's tang too sharp and funky,
that couldn't find the delight in blood purple beets,
sad and fat as my tia's hearts, because even though I loved
(and still love) salsa, my clumsy cipote
fingers would often squeeze the plastic baggy
too tight spewing red juice everywhere,
whereas a plastic ketchup bottle was firm and easy to portion.
And I have yet to discuss the scenario where we run out
of salsa and curtido

But still have pupusas!!!

What are we to do then, familia?

Eat them plain like peasants?

No.

A Salvadoran angel does not lose its wings
every time I douse a revuelta with a zig zag
of high fructose corn syrup, distilled corn syrup
and maybe some tomate.

KETCHUP

¡A la mierda!

En esta era donde incluso los fetiches más raros y más nauseabundos
son consentidos y celebrados, sin importar
qué tan hediondos, qué tan políticamente dudosos, qué tan técnicamente
no-dañinos pero aun así medio jodidos, sean… en este tiempo donde lo único
más caliente que el desastre climático es un *subreddit* obscuro
que ha despertado un deseo contagioso incluso —o especialmente—
en las mentes más reprimidas,
entonces, sin vergüenza alguna y con alegría declaro mi amor
por:
las pupusas con *ketchup*.

Y pido perdón por la lengua de mi niñez
que encontraba el filo del curtido demasiado agrio y *funky*,
que no lograba encontrar placer en la sangre púrpura de las remolachas,
tristes y gordas como los corazones de mis tías, porque aunque amaba
(y aún amo) la salsa, mis torpes dedos de cipote
apretaban demasiado la bolsita plástica
y el jugo rojo salía disparado por todas partes,
mientras que la botella de kétchup era firme y fácil de racionar.
Y todavía no he hablado del escenario en que se acaban
la salsa y el curtido

¡¡¡pero todavía hay pupusas!!!

¿Qué se supone que hagamos entonces, familia?

¿Comérnoslas solas como pobres?

No.

Un ángel salvadoreño no pierde sus alas
por cada vez que baño una revuelta con un zigzag
de jarabe de maíz de alta fructosa, jarabe de maíz destilado
y tal vez algo de tomate.

I declare this poem a refuge for all the refugees
who kinda like their admittedly bastardized cuisines.

But why stop there?

Shoutout to my white brother who likes cinnamon bears
because he's allergic to fruit and it's as close as he can get
without breaking into hives.

Shoutout to my Venezuelan cuñada who likes candy corn
even though it tastes like plastic chalk. To my sister
of the Asian persuasion who likes tootsie rolls
even though she is no longer five.

Here, you three may partake of your unholy sacraments
and be forgiven.

To my Black familia who eats their grits with sugar:
I cannot protect you, but I will respect you.

This goes to the sushi burrito. You are not my peanut butter,
but you are some hungry soul's jam. To hate you is to love
anti-miscegenation—at least on our dinner plates.

And this goes to you, Willy, you ugly unlovable thing.
Let these letters lick your face. Here, you are a feast.

Declaro este poema como un refugio para todos los refugiados
a quienes más o menos les gustan sus cocinas: confesamente bastardas.

¿Pero por qué detenernos ahí?

Un saludo a mi hermano blanco que ama los ositos de canela,
porque es alérgico a la fruta y es lo más cerca que puede estar de ella
sin tener un ataque de urticaria.

Un saludo a mi cuñada venezolana que ama el maíz de dulce
aunque sabe a tiza de plástico. A mi hermana
de persuasión asiática que ama los *tootsie rolls*
aunque ya no tenga cinco años.

Aquí, ustedes tres pueden practicar sus impíos sacramentos
y ser perdonados.

A mi familia negra que come el *grits* con azúcar:
no puedo protegerlos, pero los respeto.

Esto va para el sushi burrito. No eres mi mantequilla de maní,
pero eres la mermelada de algún alma hambrienta. Odiarte
es amar el anti-mestizaje (al menos desde nuestros platos).

Y esto va para ti, Willy, cosa fea e imposible de amar.
Que estas letras laman tu rostro. Aquí, eres un banquete.

MAMONCILLO

Because once the skin
is split, it is impossible
to deny the resemblance:

a glisten only won
hidden in humid sweat,
the golden glow

of ripe flesh, the pulp
punctuated right
where my tongue

first landed as a child,
swirling it slick
between my lips,

sucking so hard I almost
choked on the seed,
the pulp punctured

right where my tongue
first landed on you,
the dulcet tip of your desire,

struck by how your warmth
numbed my lips,
the way your nip split

me open until nothing
but glimmer and pit
remained.

MAMONCILLO

Porque una vez que la piel
se parte, es imposible
negar el parecido:

un brillo que solo se gana
oculto en húmedo sudor,
el resplandor dorado

de la carne madura, la pulpa
marcada justo
donde mi lengua

cayó por primera vez cuando era niño,
haciéndola girar de forma resbalosa
entre mis labios,

succionando tan fuerte que casi
me atraganto con la semilla,
la pulpa marcada

justo donde mi lengua
cayó por primera vez sobre ti,
la punta dulce de tu deseo,

sorprendido por la forma en que tu calor
me entumeció los labios,
la manera en que se partió tu pezón

me abrió hasta que no quedó
nada más que brillo
y hueso.

GET ME A MIC

A thick mic.
A thick slick mic.
A thick slick mic that makes me scream.
A thick slick mic that makes me scream and the walls seize

and break inside my throat. Break inside
my throat and plug it grave-deep
into my vocal cords. Make my body
a headstone with a missing face,
a stereo with the bass
knocked out.

For those who love like a stereo, a tombstone,
every breath begins to feel like a performance.

Get me a thick slick mic, fat as a cigar
smoking at its head. Smoke my head
until I fill you like a shovel.
I want to hold a mic that close, swallow
every thick breath whispered over its steely head.
Get me a mic I need to whisper into,
need to bite for it to echo me.

For those who love like smoke, like whispers,
every word begins to break like static.

We are forced to ask ourselves, am I loud
enough? Am I being too loud?
Can you tell I'm queer by the way
I grip the mic? Do I hold it
man enough? Do I purse
my lips the way you like it?

I can't say anything without hearing it
seize the walls, seethe my throat
with anxiety. Vocal cords wrap

CONSÍGUEME UN MICRO

Un micro grueso.
Un micro grueso y resbaladizo.
Un micro grueso y resbaladizo que me haga gritar.
Un micro grueso y resbaladizo que me haga gritar y haga convulsionar las paredes

y romperse al interior de mi garganta. Romperse dentro
de mi garganta y clavarse, hondamente como tumba,
en mis cuerdas vocales. Convertir mi cuerpo
en una lápida sin rostro,
un estéreo con los bajos
reventados.

Para quienes aman como un estéreo, como una tumba,
cada aliento empieza a sentirse como un performance.

Consígueme un micro grueso y resbaladizo, gordo como un cigarro
humeando por la cabeza. Fuma mi cabeza
hasta llenarte como una pala.
Quiero sostener un micro así de cerca, tragar
cada lenta respiración susurrada sobre su cabeza de acero.
Consígueme un micro al que pueda susurrarle,
uno que necesite morder para que me devuelva el eco.

Para quienes aman como el humo, o como los susurros,
cada palabra empieza a quebrarse como estática.

Nos vemos forzados a preguntarnos: ¿soy suficientemente
ruidoso?, ¿estoy siendo demasiado ruidoso?
¿Se nota que soy marica por la manera en que
agarro el micro? ¿Lo sostengo
como si fuera suficientemente hombre? ¿Frunzo
los labios de la forma en que te gusta?

into a noose. Lungs a stereo
with the bass knocked out.

If my haughtiness offends you,
get me a mic.

If my sexiness upsets you,
get me a mic.

A thick mic.
A thick slick mic. A thick slick mic to make you scream.
A mic thick and slick enough to fuck this whole shit up.

No puedo decir nada sin oír cómo
convulsionan las paredes, cómo hierve mi garganta de
ansiedad. Las cuerdas vocales
se trenzan en un nudo corredizo. Los pulmones, un estéreo
con los bajos reventados.

Si mi arrogancia te ofende,
consígueme un micro.

Si mi sensualidad te ofende,
consígueme un micro.

Un micro grueso.
Un micro grueso y resbaladizo. Un micro grueso y resbaladizo para hacerte gritar.
Un micro suficientemente grueso y resbaladizo para joder toda esta mierda.

"TERRORISTS ARE THOSE PEOPLE WHO BUILD DEPORTATION PRISONS, NOT THOSE THAT BLOW THEM UP!"

From the Boston Anarchist Black Cross

It is said one ton of concrete can be ruined
        by pouring in five cups of sugar,
so for moments, I imagine Trump's wall
        defeated by abuela's pan dulce.
I hurl conchas like grenades, keep a cuerno
        strapped to my waist, ready to fire
la caña mis primos carried off hilltops
        on bare shoulders. Picture borders
crumbling soft as De La Rosa's mazapan
        on mi lengua. I have always
had a sweet tooth. I have always hated
        the dentist & loved to poke holes
in the walls of a hater's imagination.
        Like you, I want to believe
the most bitter bigot can be crushed
        by a handful of mercy.
That one child's dream can bring
        a nightmare to its knees.
But so little sugar only slows the hardening
        of concrete. Before long,
even its sweet is petrified. The way
        a woman who has forgiven
a man too many times slowly turns
        to stone. I want to believe
there is enough dulce in my blood
        to stop the wall from setting.
That for my cups of sugar, I won't have
        to slit your sweet throat.

«TERRORISTAS SON QUIENES CONSTRUYEN PRISIONES DE DEPORTACIÓN, NO QUIENES LAS HACEN EXPLOTAR»

De la Negra Cruz Anarquista de Boston

Se dice que una tonelada de concreto se puede arruinar
con solo añadirle cinco tazas de azúcar,
así que por momentos imagino el muro de Trump
derrotado por el pan dulce de la abuela.
Lanzo conchas como granadas, llevo un cuerno
amarrado a la cintura, listo para disparar
la caña que mis primos bajaban de las colinas
a hombro limpio. Imagino fronteras
desmoronándose tan suaves como el mazapán
De La Rosa sobre mi lengua. Siempre
he tenido debilidad por los dulces. Siempre he odiado
al dentista y amado abrir agujeros
en los muros de la imaginación de un *hater*.
Como tú, quiero creer que hasta el más amargo
de los fanáticos puede ser triturado
por un puñado de misericordia.
Que el sueño de un solo niño puede
arrodillar a una pesadilla.
Pero tan poca azúcar solo ralentiza el endurecimiento
del concreto. Al poco tiempo,
hasta su dulzura se petrifica. Tal como lo hace
una mujer que ha perdonado
a un hombre demasiadas veces y lentamente
se vuelve de piedra. Quiero creer
que hay suficiente dulce en mi sangre
para impedir que el muro endurezca.
Que por mis tazas de azúcar no tendré
que cortar tu dulce garganta.

FILTHY ASS IMMIGRANTS (REMIX)

LATINO PRIDE

is an uppercut
to the white boy
in my jaw

the dagger in
the step of brown
boys who held

a blade to my
neck & told me
to jump i am

proud to be latino
i repeat & an
aztec cuts obsidian

across my fore-
skin until i burn
into da mouth

of his insatiable
god i am proud
to be latino i

repeat & empty
la renta from
my gut a hand

reaches down my
throat & fingers
it out coin by coin

pride is a five
lettered crux when
my motherland

ORGULLO LATINO

es un *uppercut*
al chico blanco
en mi mandíbula

la daga en
el paso de chicos
morenos que pusieron

una navaja en
el cuello y me dijeron
que saltara yo estoy

orgulloso de ser latino
repito y un
azteca corta obsidiana

a través de mi
prepucio hasta que ardo
en la boca

de su dios
insaciable yo estoy
orgulloso de ser latino

repito y vacío
la renta de
mis entrañas

una mano baja por
mi garganta y la saca
moneda por moneda

el orgullo es una trampa
de siete letras
cuando mi matria

married a warmonger
& gave birth
to an endless stream

of exiles who pick
at their dreams
like grapes beneath

the sun who is
proud of being
shot of being raped

take back yr sombreros
banderas y himnos
nacionales

mi familia deserves
more than yr
pinche parranda

we need a better
word for our lucha
give me an x

like malcolm w/
the algebra
give me an e

in the arm before
you give it in
a label we don't

want identity w/o
community representation
w/o ideology

contrajo matrimonio
con un señor de la guerra y parió
una fila interminable

de exiliados que recogen
sus sueños
como uvas bajo

el sol que esta
orgulloso de ser tiroteados
de ser violados

quítense sus sombreros
banderas e himnos
nacionales

mi familia merece
más que su
pinche parranda

necesitamos una
mejor palabra para nuestra lucha
denme una x

como malcolm
con el álgebra
denme una e

en el brazo antes
de que le pongas una
etiqueta nosotros no

queremos identidad sin
representación de la comunidad
sin ideología

w/o power give me
my ancestors' land &
a billionaire's head

ain't nothing special
about yr love
if you don't kiss death

sin poder denme
la tierra de mis antepasados
y la cabeza de un multimillonario

no tiene nada de especial
tu amor
si no besa a la muerte

NOTES & ACKNOWLEDGEMENTS

Thank you to:

Lisa Bickmore, for her kind and wise mixing and mastering of the manuscript.

Almighty Moz Def, for his brilliant and hard-won English-to-Spanish translations.

Yesenia Montilla, for selecting this manuscript and getting me signed to Lightscatter Press.

Anushka Sen, for slapping these poems into shape and putting up with all the messy, flammable, and younger versions of myself.

the many other poets and friends whose feedback, inspiration, and fingerprints are all over this manuscript, including but not limited to Adrian Matejka, Ross Gay, Rachel Eliza Griffiths, Natasha Sajé, the 2023 Sky Ridge High School slam team, Plumas Colectiva, Slam Diaspora, Janel Pineda, Lauri García Dueñas, Westminster Slam 2013-15, and so many others.

Carlos Palomo, for the countless hours put into the production and mixes.

Thank you to the hardworking editors of the following journals, who published these poems, sometimes in earlier drafts and under a different pen name: *American Literary Review, Art & Sedition, Chiricú: Latino/a Literature, Arts, and Culture, Crazyhorse, Experiment-O, HeArt Online, Mapping Literary Utah, Origins, Radioactive Moat, Ruge el bosque. Volumen 2: Ecopoesía de Mesoamérica, San Antonio Report, Timber, Thrush, Under the Green Linden, Vibe Radar* and *Vinyl Poetry and Prose.*

"Diáspora" is in response to "In Another Life" by Janel Pineda.

"Strictly 4 My Salviz" borrows phrases from "The Corn Cakes of Red Hook" by Francis Lam, published in *The New York Times* on February 4, 2015, and the phrase "tamale pancakes" (said humorously!) from Anthony Correale. The title is a nod to Tupac Shakur's sophomore album.

NOTAS Y AGRADECIMIENTOS

Gracias a:

Lisa Bickmore, por su amable y sabia mezcla y masterización del manuscrito.

Al todopoderoso Moz Def, por sus arduas y brillantes traducciones del inglés al español.

Yesenia Montilla, por seleccionar este manuscrito y conseguir que firmara con Lightscatter Press.

Anushka Sen, por darle forma a estos poemas a punta de bofetadas cariñosas y por soportar todas mis desordenadas, inflamables y más jóvenes versiones.

A los tantos otros poetas y amistades cuyos comentarios, inspiración y huellas dactilares están por todo este manuscrito, incluyendo —pero no limitándose a— Adrian Matejka, Ross Gay, Rachel Eliza Griffiths, Natasha Sajé, el equipo de *slam* de Sky Ridge High School 2023, Plumas Colectiva, Slam Diaspora, Janel Pineda, Lauri García Dueñas, Westminster Slam 2013–15, y a muchísimos más.

Gracias también al incansable trabajo de los editores y editoras de las siguientes revistas, quienes publicaron estos poemas —a veces en versiones tempranas y bajo otro seudónimo—: *American Literary Review, Art & Sedition, Chiricú: Latino/a Literature, Arts, and Culture, Crazyhorse, Experiment-O, HeArt Online, Mapping Literary Utah, Origins, Radioactive Moat, Ruge el bosque. Volumen 2: Ecopoesía de Mesoamérica, San Antonio Report, Timber, Thrush, Under the Green Linden, Vibe Radar* y *Vinyl Poetry and Prose*.

"Diáspora" responde a "*In Another Life*" de Janel Pineda.

"*Strictly 4 My Salviz*" toma prestadas frases de "*The Corn Cakes of Red Hook*" de Francis Lam, publicado en *The New York Times* el 4 de febrero de 2015, y la frase "*tamale pancakes*" (dicha en tono humorístico) de Anthony Correale. El título es un guiño al segundo álbum de Tupac Shakur.

“To Elle Alder” is dedicated to Elle Alder, a Utah-based professional psychic, witch, and community organizer. They are also the co-host of the Mancy Podcast about the history of magic.

“Love Song at a Bar Mixing Saliva and Tequila” was written in collaboration with Janel Pineda via Messenger.

The section entitled “Broken Spears (Remix)” was inspired by indigenous oral histories recorded in range of different codices, gathered in *The Broken Spears: The Aztec Account of the Conquest of Mexico*, edited by Miguel León-Portilla, first published in 1959. The eight poems are inspired by the eight omens various indigenous nations recorded prior to the arrival of the Spanish conquistadores.

“Where Dead Warriors Tell Us of the Pillars of Fire Ravaging the Night” quotes directly from *The Broken Spears* in the second text box on the right margin. The first text box on the right margin is inspired by Gloria Anzaldúa’s reading of the eagle and serpent imagery found in *Borderlands/La Frontera: The New Mestiza*.

“Where the Flood Speaks to the Empire” includes crossed out language from Exodus 12 and Genesis 8.

I’m including the next two notes for the Chelsea Guevara’s of the world, who are just a tad bit too young to be clued into some aspects of la cultura.

The title of “For Those Who Have Sexuality With The Wind, The Flowers, The Garden!” is taken from the documentary *Mucho Mucho Amor: The Legend of Walter Mercado*. It is Mercado’s description of his own sexuality. Mercado is an astrologer, dancer, actor, and writer, who would do flamboyant, rapid fire horoscopes during Primer Impacto and other programs. He was a staple in Spanish-speaking households in the United States from the 90s to the 2010’s.

“Don Francisco ain’t even your real name” alludes to Don Francisco, the host of Sábado Gigante, a staple in Spanish-speaking households in the United States from the 80s into the aughts. Literally, everybody and they tia watched show. The three-hour-long reality TV marathon featured Miss Colita, a segment where scantily clad women performed in a mock pageant in swimwear and other booty-popping attire; live entertainment; competitive car giveaways; a talent show where poor performers would get trumpeted away by El Chacal, a masked black-and-white ninja-looking fool, all to the cries of “¡Y fuera!”; and much, much

"Para Elle Alder" está dedicado a Elle Alder, psíquica profesional, bruja y organizadora comunitaria radicada en Utah. También es *co-host* del *Mancy Podcast*, acerca de la historia de la magia.

"Canción de amor en un bar mezclando saliva y tequila" fue escrito en colaboración con Janel Pineda a través de Messenger.

La sección titulada "Visión de los vencidos (remix)" estuvo inspirada por historias orales indígenas registradas en distintos códices, recopiladas en *Visión de los vencidos*, editado por Miguel León-Portilla y publicado por primera vez en 1959. Los ocho poemas se inspiran en los ocho presagios que diversas naciones indígenas registraron antes de la llegada de los conquistadores españoles.

"Donde los guerreros muertos nos hablan de los pilares de fuego que arrasan la noche" cita directamente <<Visión de los vencidos>> en el segundo recuadro. El primer recuadro de texto del margen derecho está inspirado en la lectura que hace Gloria Anzaldúa de la imaginería del águila y la serpiente en *Borderlands/ La Frontera: The New Mestiza*.

"Donde el diluvio le habla al imperio" incluye lenguaje tachado tomado de *Éxodo* 12 y *Génesis* 8.

Incluyo las dos notas siguientes para todas las *Chelsea Guevara* del mundo, quienes a lo mejor serán un poquito jóvenes como para estar al tanto de ciertos aspectos culturales:

El título de "¡Para quienes viven su sexualidad con el viento, las flores y el jardín!" proviene del documental *Mucho Mucho Amor: The Legend of Walter Mercado*. Es la forma en que Mercado describe su propia sexualidad. Mercado fue astrólogo, bailarín, actor y escritor, famoso por hacer horóscopos extravagantes y vertiginosos en *Primer Impacto* y otros programas. Fue una figura omnipresente en los hogares de habla hispana en Estados Unidos desde los años noventa hasta la década de 2010.

"Don Francisco ni siquiera es tu verdadero nombre" alude a Don Francisco, el presentador de *Sábado Gigante*, un pilar de los hogares de habla hispana en Estados Unidos desde los años ochenta hasta los años dos mil. Literalmente, todo el mundo —y su tía— veían el programa. Este maratón televisivo de tres horas incluía *Miss Colita*, un segmento donde mujeres con poca ropa participaban en

more. To me, it evokes nostalgia and disgust. Don Francisco himself isn't quite a monster, but he was sued in 1992 by one of his models for sexual harassment and settled out of court.

"Justice 4 Dillon Taylor":

Officer Bron Cruz murdered Dillon Taylor on August 11, 2014. Two days prior, Officer Darren Wilson murdered Mike Brown in Ferguson, inciting nationwide protests and fierce debate about racism and police brutality. Throughout this tense national debate, far-right media outlets—such as Breitbart, Pacific Pundit, Inquisitr, and other rags—used Dillon Taylor's case in a disinformation campaign, where they claimed Dillon Taylor's death did not receive nationwide attention because he was white and his killer was Black. See "Justice for Dillon Taylor: Why Has Unarmed White Man Fatally Shot By Black Cop in Utah Been Ignored?", published by *Inquisitr* on August 27, 2014, for one example.

Officer Cruz was, in fact, not Black. In Officer Cruz's body cam video, published by *The Salt Lake Tribune*'s YouTube channel, he clearly has white skin. While Cruz never clarified his racial identity, his apellido is clearly Hispanic. Either way, ACAB. You can view Officer Cruz's body cam footage and witness Dillon Taylor's murder yourself here: https://www.youtube.com/watch?v=o1UjKqzVDCw

Meanwhile, Dillon Taylor's extended family includes both white and Latine kin, including the relatives who accompanied him that fateful night. In "Family of man shot, killed by police says 911 call raises questions," published November 21, 2014, Fox News own reporting provides ample evidence that the 911 caller was a scared racist, misidentifying Taylor as either Black or a Mexican, accusing him of having a gun (he didn't) and of throwing up gang signs (he didn't).

In the aftermath of the turmoil, Adam Thayne, a relative of Taylor's who accompanied him on August 11 and was inhumanely detained afterward, took his own life after an intense struggle with PTSD. Taylor is survived by his aunt Gina, as well as his sister Teesha and his brother Jerrail, who has named his son after Dillon.

Dillon Taylor was memorialized was memorialized on the Fleet Block (300 W 900 S), a series of murals dedicated to the victims of police brutality in Utah. The Fleet Block has since been demolished by city government.

una especie de certamen ficticio en traje de baño y otros atuendos provocativos; entretenimiento en vivo; sorteos competitivos de autos; y un concurso de talentos donde quienes actuaban mal eran expulsados con trompeta por *El Chacal*, una especie de bufón enmascarado vestido en blanco y negro, con aspecto de ninja, todo entre los gritos de "¡Y fuera!". Y mucho, mucho más. Para mí, el programa evoca tanto nostalgia como repulsión. Don Francisco en sí no es exactamente un monstruo, pero en 1992 fue demandado por una de sus modelos por acoso sexual y el caso se resolvió fuera de los tribunales.

"Justicia por Dillon Taylor":

El oficial Bron Cruz asesinó a Dillon Taylor el 11 de agosto de 2014. Dos días antes, el oficial Darren Wilson asesinó a Mike Brown en Ferguson, lo que desató protestas a nivel nacional y un intenso debate sobre el racismo y la brutalidad policial. A lo largo de este clima de tensión nacional, medios de extrema derecha —como *Breitbart, Pacific Pundit, Inquisitr* y otros panfletos— utilizaron el caso de Dillon Taylor en una campaña de desinformación, afirmando que su muerte no había recibido atención nacional porque Taylor era blanco y su asesino era negro. Véase: "Justice for Dillon Taylor: Why Has Unarmed White Man Fatally Shot By Black Cop in Utah Been Ignored?", publicado por *Inquisitr* el 27 de agosto de 2014, para hacerse una idea.

El oficial Cruz, de hecho, no era negro. En el video de la cámara corporal del oficial Cruz, publicado en el canal de YouTube de *The Salt Lake Tribune*, se le ve claramente con piel blanca. Aunque Cruz nunca aclaró públicamente su identidad racial, su apellido es claramente hispano. En cualquier caso: ACAB. Puedes ver el video de la cámara corporal del oficial Cruz y presenciar por tu propia cuenta el asesinato de Dillon Taylor aquí: https://www.youtube.com/watch?v=o1UjKqzVDCw

Mientras tanto, la familia extendida de Dillon Taylor incluye tanto a familiares blancos como latinos, incluidos quienes lo acompañaban esa noche fatídica. En "Family of man shot, killed by police says 911 call raises questions", publicado el 21 de noviembre de 2014, el propio reportaje de Fox News ofrece pruebas abundantes de que la persona que llamó al 911 era un racista asustado, que identificó equivocadamente a Taylor como negro o mexicano, lo acusó de portar un arma (no la tenía) y de hacer señas alusivas a pandillas (tampoco lo hizo).

You can learn more about Dillon's story on the family's Facebook page Justice 4 Dillon Taylor: https://www.facebook.com/never4getdillontaylor

"alternate names for girldick": Look, I am usually against bringing the breeders into queer bars, so forth and etc, and I'm not one to handhold readers through QTPOC culture; however, I totally get it if a reader is hesitant to internet search the term "girldick" out of fear of encountering the inevitable pornography. Therefore, this note: "Girldick" is a term sometimes used to refer the penises of trans women, especially those who have undergone a form of hormone replacement therapy, as testosterone blockers and the infusion of estrogen tend to produce some of the following changes: a change of color and/or texture; shrinkage; a lack of spontaneous erections, as well as difficulty in becoming erect; difficulty ejaculating, as well as different or less or no ejaculate; and a new and different set of sensory responses. Trans women and non-binary people who have not undergone hormone replacement therapy may still prefer to think of their penis as a "girldick."

"Get me a mic" includes allusions to "Still I Rise" by Maya Angelou

The title of "TERRORISTS ARE THOSE WHO BUILD DEPORTATION PRISONS, NOT THOSE THAT BLOW THEM UP!" is taken from "Attacking Prisons at the Point of Production: A Brief Look at Militant Actions Against the Prison-Industrial Complex" by the Boston Anarchist Black Cross: https://bostonanarchistblackcross.files.wordpress.com/2013/03/attacking-prisons-pointofproduction_final.pdf

All songs were produced by my brother Carlos Palomo AKA El Necio AKA DJ Crookedstylez.

"Master Plan" includes samples from and lyrical allusions to "Paid in Full" by Rakim.

"Born Guanaco" includes samples from "Yo Soy Guanaco" by Fiebre Amarilla and "What These Bitches Want" by DMX ft Sisqó. The song includes lyrical allusions to "Born to Roll" by Master Ace and "King of Rock" by Run DMC.

Posterior al caos y la violencia institucional, Adam Thayne, un familiar de Taylor que lo acompañaba el 11 de agosto y que fue detenido de manera inhumana después del asesinato, se quitó la vida tras una lucha intensa contra el trastorno de estrés postraumático. A Dillon Taylor le sobrevive su tía Gina, así como su hermana Teesha y su hermano Jerrail, quien llamó Dillon a su hijo en su memoria.

Dillon Taylor fue conmemorado en el *Fleet Block* (300 W 900 S), una serie de murales dedicados a las víctimas de la brutalidad policial en Utah. Desde entonces, el *Fleet Block* ha sido demolido por el gobierno de la ciudad.

Puedes conocer más sobre la historia de Dillon en la página de Facebook de su familia, *Justice 4 Dillon Taylor*: https://www.facebook.com/never4getdillontaylor

"Nombres alternativos para *girldick*": mira, por lo general estoy en contra de llevar breeders (heterosexuales normativos) a bares *queer*, y un largo etcétera, y no suelo llevar de la mano a mis lectores a través de la cultura QTPOC; sin embargo, entiendo perfectamente que alguien pueda dudar en buscar en internet el término "*girldick*" por miedo a encontrarse con la pornografía inevitable. Por eso, esta nota: "*Girldick*" es un término que a veces se utiliza para referirse al pene de mujeres trans, especialmente de aquellas que han pasado por algún tipo de terapia de reemplazo hormonal, ya que los bloqueadores de testosterona y la administración de estrógeno tienden a producir algunos de los siguientes cambios: variación en el color y/o la textura; reducción de tamaño; ausencia de erecciones espontáneas, así como dificultad para lograr una erección; dificultad para eyacular, o eyaculación distinta, reducida o inexistente; y un conjunto nuevo y diferente de respuestas sensoriales. Mujeres trans y personas no binarias que no han pasado por terapia de reemplazo hormonal también pueden preferir pensar en su pene como un "*girldick*".

"Consígueme un micro" incluye alusiones a "Still I Rise" de Maya Angelou.

El título de "TERRORISTAS SON QUIENES CONSTRUYEN PRISIONES DE DEPORTACIÓN, NO QUIENES LAS HACEN EXPLOTAR", proviene de "Attacking Prisons at the Point of Production: A Brief Look at Militant Actions Against the Prison-Industrial Complex", de la Cruz Negra Anarquista de Boston: https://bostonanarchistblackcross.files.wordpress.com/2013/03/attacking-prisons-pointofproduction_final.pdf

"Zac Ivie" includes samples from "Trouble Man" by Marvin Gaye. The song is a call-and-response to Zac Ivie's song "Willy P" from his album ALL TOGETHER NOW. "Willy P" is an ode to hip-hop inspired by Zac Ivie's relationship to the author. You can listen to it here: *https://www.youtube.com/watch?v=Phl1yD247v4*

"La Pacha" includes samples from "Whoomp! There it is!" by Tag Team and 95 South. It also includes a sample of "Tinguiri Tinguis Tinguis Que Estoy Chiquito y Bonito," a popular Latin American children's tune that went viral on social media.

"¡R¡ot!" includes samples to "Self Esteem" by The Offspring and "The New Style" by The Beastie Boys. The first verse is in response to the extrajudicial murder of Bernardo Palacios-Carbajal in Salt Lake City, Utah on May 23, 2020 during the heat of the Black Lives Matter protests over the murder of George Floyd and police brutality nationwide. Officers fired 34 shots at Palacios-Carbajal as he ran away.

"Filthy Ass Immigrants (Remix)" includes samples to "Find Us Remix" by Filthee Immigrants featuring B-Real, Guru, and Rakaa; "NY State of Mind" by Nas; and a viral video recording of attorney Eric Lee outside of the Dilley Immigration Processing Center in South Texas, where he describes a demonstration taking place inside the concentration camp and prisoners can be heard chanting "let us out." "Filthy Ass Immigrants (Remix)" features YoungShiva, NicoTina, and Marcelx.

Todas las canciones fueron producidas por mi hermano Carlos Palomo, también conocido como El Necio y DJ Crookedstylez.
"Master Plan" incluye *samples* y alusiones líricas a "Paid in Full" de Rakim.

"Born Guanaco" incluye *samples* de "Yo Soy Guanaco" de Fiebre Amarilla y "What These Bitches Want" de DMX con Sisqó. La canción también incluye alusiones líricas a "Born to Roll" de Master Ace y "King of Rock" de Run DMC.

"Zac Ivie" incluye *samples* de "Trouble Man" de Marvin Gaye. La canción funciona como un llama-y-responde con la canción de Zac Ivie "Willy P", de su álbum ALL TOGETHER NOW. "Willy P" es una oda al hip-hop que se inspira en la relación de Zac Ivie con el autor. Se puede escuchar por aquí: *https://www.youtube.com/watch?v=Phl1yD247v4*

"La Pacha" incluye *samples* de "Whoomp! There it is!" de Tag Team y 95 South. También incluye un *sample* de "Tinguiri Tinguis Tinguis Que Estoy Chiquito y Bonito", una popular canción infantil latinoamericana que se volvió viral en redes sociales.

"¡R¡ot!" incluye *samples* de "Self Esteem" de The Offspring y "The New Style" de Beastie Boys. El primer verso responde al asesinato extrajudicial de Bernardo Palacios-Carbajal en Salt Lake City, Utah, el 23 de mayo de 2020, ocurrido en el momento más intenso de las protestas de Black Lives Matter por el asesinato de George Floyd y la brutalidad policial en todo el país; los oficiales dispararon 34 veces contra Palacios-Carbajal mientras huía.

"Filthy Ass Immigrants (Remix)" incluye *samples* de "Find Us Remix" de Filthee Immigrants con B-Real, Guru y Rakaa; "NY State of Mind" de Nas; y una grabación viral en video del abogado Eric Lee frente al Dilley Immigration Processing Center en el sur de Texas, donde describe una manifestación que tiene lugar dentro del centro de detención y se puede escuchar a los prisioneros coreando "let us out" ("déjennos salir"). "Filthy Ass Immigrants (Remix)" cuenta con la participación de YoungShiva, NicoTina y Marcelx.

ABOUT THE PRESS

When light encounters an object, it bends and scatters: as a form of energy, it passes through the air, then shifts and deflects in ways not entirely predictable. At Lightscatter Press, we seek to publish the work of writers whose writing diffracts as it meets the world, finding life and light in multiple forms.

SOBRE LA EDITORIAL

Cuando la luz se encuentra con un objeto, se dobla y se dispersa: como una forma de energía; atraviesa el aire y luego cambia de dirección y se desvía de maneras que no son del todo predecibles. En Lightscatter Press buscamos publicar el trabajo de escritores cuya escritura se difracta al encontrarse con el mundo, hallando vida y luz en múltiples formas.

ABOUT THE POET

Willy Palomo (he/they/she) is an educator and organizer currently based in Chicago. His previous projects include the poetry collection *Wake the Others* (a winner of a Foreword Prize in Poetry), the rap album *Enter Da BoomBow*, and a Spanish-to-English translation of the poetry collection *Tres Tercas Trincheras* by Marielos Olivo, published in Europe by FormArti. A veteran of the Salt Lake City poetry slam scene, his work can be found across print and web pages, including the *Best New Poets 2018*, *Latino Rebels*, *The Wandering Song: Central American Writing in the United States*, and more. He has performed at or keynoted in 160+ public engagements since 2011, including the SUU Pride Film Festival, el Festival Internacional de Poesia Amada Libertad in El Salvador, and the World Poetry Slam in Cuidad Juárez. He is the son of two refugees from El Salvador.

SOBRE EL POETA

Willy Palomo (él/elle/ella) es educador y organizador, radicado actualmente en Chicago. Entre sus proyectos anteriores se incluyen el poemario *Wake the Others* —ganador de un Premio Foreword en la categoría de Poesía—, el álbum de rap *Enter Da BoomBow* y una traducción del español al inglés del poemario *Tres Tercas Trincheras*, de Marielos Olivo, publicado en Europa por FormArti. Veterano de la escena de *poetry slam* de Salt Lake City, su obra puede encontrarse tanto en medios impresos como en páginas web, incluyendo *Best New Poets 2018*, *Latino Rebels*, *The Wandering Song: Central American Writing in the United States* y otros más. Ha realizado presentaciones o ha sido orador principal en más de 160 eventos públicos desde 2011, entre ellos el SUU Pride Film Festival, el Festival Internacional de Poesía Amada Libertad en El Salvador y el World Poetry Slam en Ciudad Juárez. Es hijo de dos refugiados de El Salvador.

PRAISE FOR *MERCURY IN REGGAETÓN* WINNER OF THE LIGHTSCATTER PRESS PRIZE

"Willy Palomo's MERCURY IN REGGAETÓN is a mic soaked in blue flames."

Rachel Eliza Griffiths
author of *Promise*

These searing poems spit a new imagination of justice on the ugly language of those who fear truth and history. Palomo offers us astonishing music, flushed by a raw reckoning that demands we believe we deserve our flawed love-songs. Powerful and vulnerable, *MERCURY IN REGGAETÓN* makes me want to sway on the crowded porch of memory, remembering how the sun and moon slow kiss the old-school block on its soaked, "loss-liquored" mouth. Here is a poet whose anthems bring us to our knees in a symphonic feast of pride, freedom, and revolution, "We owe no god / any more rituals / of slaughter, / no countries / the love stolen / from our chests." Willy Palomo returns the terror of our oppressors to themselves so that we must witness and praise the urgent forces of our love and mercy.

Ross Gay
author of *The Book of Delights*

There's some tender, tough-loving and tough-loved truth inside the acrobatic alliteration and syntactically sophisticated shit-talk, the guffaw and goddamn, the bravado and bluster, the harrow and hurt of these poems. The beautiful broken and breaking music of these poems. Music made to break open as many doors as possible. Especially the door inside oneself to oneself. Where, as Willy Palomo writes, we might no longer be an "unlovable thing." Where we you might remember: "Here, you are a feast."

ELOGIOS PARA *MERCURY IN REGGAETÓN* GANADORA DEL LIGHTSCATTER PRESS PRIZE

MERCURY EN REGGAETÓN, de Willy Palomo, es un micrófono bañado en llamas azules.

Rachel Eliza Griffiths
autora de *Promise*

Estos poemas ardientes escupen una nueva imaginación de justicia sobre el feo lenguaje de quienes temen a la verdad y la historia. Palomo nos ofrece una música asombrosa, atravesada por un ajuste de cuentas crudo que nos exige creer que merecemos tener nuestras imperfectas canciones de amor. Poderoso y vulnerable, *MERCURY EN REGGAETÓN* hace que me quiera balancear en el portal abarrotado de la memoria, recordando cómo el sol y la luna besan lentamente la vieja cuadra, con su boca empapada, "embriagada por la pérdida". Aquí hay un poeta cuyos himnos nos hacen doblar las rodillas ante un festín sinfónico de orgullo, libertad y revolución: «No le debemos a ningún dios/ más rituales de sacrificio/, ni a ningún país/ el amor que le robaron/ a nuestros pechos. Willy Palomo hace que el terror de nuestros opresores regrese hacia ellos mismos, para que seamos testigos y a la vez celebremos las fuerzas urgentes de nuestro amor y misericordia.

Ross Gay
autora de *El libro de las delicias*

Hay cierta ternura en la verdad, de duro-amor de quien ha sido amado con dureza, dentro de la acrobática aliteración y de las sofisticadas provocaciones verbales en lo sintáctico; dentro de la carcajada y el "maldita sea", del alarde y la fanfarronería, del desgarro y el dolor de estos poemas. La hermosa música rota capaz de romperte en estos poemas. Música hecha para abrir de golpe tantas puertas como sea posible. Especialmente la puerta que hay dentro de uno mismo hacia uno mismo. Donde, como escribe Willy Palomo, quizá dejemos de ser una "cosa imposible de amar". Donde podrías recordar que: "Aquí, eres un banquete".

Elena Salamanca
author of *Peces en la boca*

I enter *MERCURY IN REGGAETÓN* through the spotless windows of a mansion in Salt Lake City. I enter with no fear of shattering myself or the glass: "These are the windows my students' mothers, my mother, cleans," Willy muses, contemplating the city from the luxury of reflection.

The trails are made of glass, of earth, of rock, and of lights. Reflection accompanies Willy Palomo from the vantages of each of these poems. Like the glittering shards of bottles broken in a fight, like the foggy mirror of a revived deity, the depths of the poems glow, revealing the key to the future-past of this book.

Palomo speaks as part of a generation whose position is primed to carry guilt, but does not forget their legacy. In his prelude poem, Willy tells Salvi poet Janel Pineda, "I want to only inhale / the flowers and not know / whose blood fertilized / the thumb-cutting pink / of their petals." The poem is definitive because Palomo's writing is interested in centering the community, and his polyphonic writing enacts this throughout *MERCURY IN REGGAETÓN*.

Polyphony is embodied in the "Broken Spears (remix)", my favorite section of the book. Here, Palomo dialogues with different narrative traditions, initially oral, then written, over the end of known times. This writing is permeated by the codex and the calligram, by solemnity and fury. The dialogue between eras and inheritances precipitates a powerful series of experiences and images, of that otherness from which we come, of the vanquished, as in the poem "Where a Chorus of Lloronas Tell Us of Omens" or "Where Magicians Gaze into the Diadem of the Black Heron."

I don't want to leave this book. It's dark and luminous, like the obsidian mirror that Tezcatlipoca carries in his chest, like a revived and desperate deity. Journeying through this book is, in a certain way, to piece together a broken mirror. *MERCURY IN REGGAETÓN* is urgent writing for the times we live in: "We were not born / to be loved but to warn all our fathers: we are the end of your era."

Elena Salamanca
autora de *Peces en la boca*

Entro a *MERCURY EN REGGAETÓN* por las ventanas impecables de una mansión de Salt Lake City. Entro sin miedo a quebrarme o a quebrar esos cristales: "Estas son las ventanas que limpian las madres de mis estudiantes, mi madre", piensa Willy mientras contempla la ciudad desde la transparencia del lujo.

Los caminos son de cristal, de tierra, de piedra y de luces, todos traslucen una relación entre tiempos. La transparencia acompaña a Willy Palomo desde todos los lugares de escritura de estos poemas. Como pedazos brillantísimos de botellas quebradas por las violencias, como el espejo humeante de una deidad recuperada, los fondos de los poemas relumbran y nos develan la clave del futuro-pasado de este libro.

El sitio de enunciación de una generación que tiene un lugar que puede y debe ocupar culpa pero sin olvidar legado que lo atraviesa. En su poema Preludio, dice a la poeta salvi Janel Pineda "Solo quiero aspirar/las flores sin enterarme/de quién fue la sangre". El poema es definitivo porque la escritura de Palomo tiene interés en poner en el centro la comunidad, y su escritura polifónica lo demuestra a lo largo de *MERCURY EN REGGAETÓN*.

La polifonía se encarna en "Visión de los vencidos (remix)", mi parte favorita del libro. Aquí Willy Palomo dialoga con distintas tradiciones narrativas, inicialmente orales y luego escritas, sobre el fin de los tiempos conocidos. Esta escritura está atravesada por el códice y el caligrama, por la solemnidad y la furia. El diálogo entre los tiempos y las herencias que establece el autor presenta una serie potente de experiencias e imágenes, de esa otredad de donde venimos, de las vencidas, como en el poema "Donde un coro de Lloronas nos habla de presagios" o "Donde los magos contemplan la diadema de la garza negra".

No tengo ganas de salir del libro, es luminoso y oscuro, como el espejo de obsidiana que Tezcatlipoca llevaba en su pecho, a suerte de una deidad recuperada y urgente. Atravesar este libro es, de cierto modo, revertir un espejo roto. *MERCURY EN REGGAETÓN* es una escritura urgente urgente para los tiempos que vivimos: "No nacimos para ser amados, sino para advertir a todos nuestros padres: nosotros somos el fin de su era".